CONDIVIDERE LE NOSTRE VITE

Manuale di studio

*Un corso per aiutare i cristiani
a condividere la loro vita con i musulmani*

Bert de Ruiter

"Sharing lives" ("condividere le nostre vite")
è parte integrante di OM (Operazione Mobilitazione)
http://www.sharinglives.eu

© Bert de Ruiter, 2016

Informazione bibliografica della Deutsche Nationalbibliothek
La Deutsche Nationalbibliothek registra questa pubblicazione nella Deutsche Nationalbibliografie; dettagliati dati bibliografici sono disponibili in internet in http://dnb.dnb.de.

ISBN 978-3-95776-206-1 (VTR)
ISBN 978-3-902669-33-9 (OM)

VTR Publications, Gogolstr. 33, 90475 Nürnberg, Germania
http://www.vtr-online.com

The contact details of your local OM office you find at
http://www.omitaly.it

Le citazioni bibliche sono tratte da
La Sacra Bibbia, Nuova Riveduta (NVR), 2006,
© Società Biblica di Ginevra, 1032 Romanel-sur-Lausanne, Svizzera.

Traduzione dall'inglese: Andrea Diprose

INTRODUZIONE — CONDIVIDERE LE NOSTRE VITE

Introduzione

Anche se le comunità cristiane e musulmane in Europa vivono l'una a fianco dell'altra, anche se le persone s'incontrano per strada, si trovano assieme alla fermata dell'autobus o vivono nello stesso condominio o stanno nella stessa classe a scuola o mangiano nella stessa mensa, spesso si comportano come se fossero estranee l'una all'altra.

Cos'è che ostacola i cristiani nella condivisione delle loro vite con i musulmani ? Ormai non è più necessario fare lunghi viaggi per incontrare i musulmani. Basta attraversare la strada. Ma che cos'è che ci impedisce di farlo? E' dovuto forse allamancanza di informazioni? Non credo poiché ci sono tanti libri che parlano dell'Islam e spesso vengono anche tenuti dei corsi o seminari sull'Islam.

Nel frattempo il tema "Islam" è un argomento scottante nei Mass Media. Molti cristiani parlano di musulmani che bruciano le chiese in Indonesia, che perseguitano i cristiani in Egitto, attaccano edifici con aerei e rapiscono le persone in Yemen. Dopo l'episodio delle Torri Gemelle, per un lungo periodo sembrava ci fosse calma ma poi alcuni musulmani hanno compiuto un attentato sui treni a Madrid e altrettanto fecero alla metropolitana londinese, inoltre un produttore olandese fu ucciso da un Marocchino ad Amsterdam. Constatiamo anche il fatto che i musulmani stentano ad adattarsi ai valori "cristiani" dell'Europa, esigendo invece di vivere secondo la propria legge (Sharia), nei paesi nei quali si sono stabiliti a vivere.

Alcune ricerche mostrano che la paura tende ad essere il principale fattore che impedisce ai cristiani di relazionarsi con i musulmani.

Il corso *Condividere le nostre vite* è stato sviluppato per aiutare i cristiani europei a superare il loro atteggiamento negativo – di paura, pregiudizio e sospetto verso l'Islam e i musulmani – e ad agire con grazia e voglia di condividere la vita con i musulmani.

Il titolo del corso è stato preso da 1 Tessalonicesi 2:8 dove l'apostolo Paolo scrive: *"Così nel nostro grande affetto per voi, eravamo disposti a darvi non soltanto il vangelo di Dio, ma anche le nostre proprie vite, tanto ci eravate diventati cari."* Questo versetto è un esempio di una testimonianza incarnata, in cui la condivisione del Vangelo e la condivisione della nostra vita vengono integrate.

Questo versetto è un esempio di una testimonianza incarnata, in cui la condivisione del Vangelo e la condivisione della nostra vita vengono integrate.

L'obiettivo principale del corso *Condividere le nostre vite* è di aiutare i cristiani a cambiare il loro atteggiamento verso l'Islam e verso i musulmani passando dalla paura ad un atteggiamento di grazia e di incoraggiarli a sviluppare relazioni significative con i musulmani a loro vicini in modo da condividere con loro le proprie vite e il Vangelo di Gesù Cristo.

Questo corso ha l'intenzione di incoraggiare i cristiani a condividere le proprie vite con i musulmani ed è suddiviso in cinque passi. Ogni passo viene descritto in una lezione:

Lezione 1: Il nostro punto di vista sull'Islam e sui musulmani
Lezione 2: Sviluppare un atteggiamento di grazia
Lezione 3: Capire i musulmani
Lezione 4: Incontrarsi con i musulmani
Lezione 5: Sviluppare relazioni che durino

Oltre a questo manuale esiste anche un manuale per i docenti contenente informazioni aggiuntive che potrebbero essere usate durante il corso (p.es. Power Point e filmati Per ulteriori informazioni vi invito a visitare il sito web www.sharinglives.eu.

Dr. Bert de Ruiter
Amsterdam

1° LEZIONE:
COME VEDIAMO L'ISLAM

Obiettivo: Aiutare gli studenti a riflettere sul proprio atteggiamento verso l'Islam e i musulmani alla luce delle Scritture.

> **Compito**
>
> Prendi un foglio di carta e rispondi alle seguenti domande:
> Quali parole, pensieri e immagini ti vengono alla mente quando senti la parola Islam o musulmano?
> Completa le seguenti frasi:
> "Per quanto riguarda l'Islam io sono del parere che fra 20 anni..."
> "Per quanto riguarda l'Islam io vorrei che..."
> Commentate in gruppo le risposte date da ognuno.

1   La chiamata di Dio

In Matteo 28:18-20 leggiamo le seguenti parole che il Signore Gesù risorto ha detto ai Suoi discepoli:

"Ogni potere mi è stato dato in cielo e sulla terra. Andate dunque e fate miei discepoli tutti i popoli battezzandoli nel nome del Padre, del Figlio e dello Spirito Santo, insegnando loro a osservare tutte quante le cose che vi ho comandate. Ed ecco, io sono con voi tutti i giorni, sino alla fine dell'età presente."

Il Grande Mandato è sempre attuale. Il Signore desidera fare di tutti i popoli della terra i Suoi discepoli. Questo riguarda anche i musulmani che vivono accanto a noi. Il Signore chiama la Sua Chiesa e i Suoi membri a fare degli altri esseri umani i Suoi discepoli.

CONDIVIDERE LE NOSTRE VITE 1° LEZIONE

Attraverso i secoli Dio ha usato delle persone per attirare altre persone a Lui. Alcune volte, però, c'erano dei collaboratori che non erano così volenterosi come ad esempio Giona.

2 La risposta di Giona alla chiamata di Dio

"La parola del Signore fu rivolta a Giona, figlio di Amittai, in questi termini: Alzati, va' a Ninive, la grande città, e proclama contro di lei che la loro malvagità è salita fino a me. Ma Giona si mise in viaggio per fuggire a Tarsis, lontano dalla presenza di Dio..." (Giona 1:1, 3a)

Nel libro di Giona vediamo la compassione di Dio per il mondo, persino verso i nemici d'Israele. Dio sapeva chi erano i Niniviti e quello che avevano fatto. Loro meritavano la Sua condanna e la Sua punizione per i loro peccati. Ma invece di punirli subito, Lui volle dare loro un'opportunità di pentirsi in modo da poterli perdonare. Dio ha più piacere nel perdonare che nel punire. Nella Bibbia vediamo che Dio usa i Suoi figli per portare avanti il Suo piano per il mondo. L'Eterno voleva usare Giona per realizzare i Suoi propositi con Ninive, ma Giona non era disposto ad ubbidire.

Per capire meglio ciò che Dio chiese a Giona, ed i motivi per la sua reazione, è opportuno sapere qualcosa in più riguardo a Ninive.

a L'impero assiro e Ninive

In Genesi 10:8-11 leggiamo che Ninive, (situata nell'Iraq attuale), fu costruita da Nimrod, il primo potente sulla terra. Ai tempi di Giona, Ninive era la capitale dell'Impero Assiro, una potenza mondiale sviluppata fra i fiumi Tigri e Eufrate, che ebbe dal 9° al 7° secolo avanti Cristo una grande influenza sul mondo dell'epoca. L'impero assiro fu una delle macchine da guerra più violente di sempre, ed è considerata una delle civiltà più sanguinarie e crudeli di tutti i tempi.

Il terrore fu uno dei fattori che maggiormente contribuirono all'espansione assira. La loro era un politica di terrore pianificata, forse il primo esempio di guerra psicologica organizzata.

1° LEZIONE — CONDIVIDERE LE NOSTRE VITE

Non era inusuale per gli assiri sterminare ogni uomo, donna e bambino delle città conquistate. Assiria divenne un sinonimo di crudeltà e atrocità. Erano soliti scuoiare vivi i loro prigionieri, e smembrarli per suscitare terrore nei loro nemici.

Negli annali storici troviamo che gli Assiri parlano con orgoglio delle loro grandi piramidi che costruirono usando i crani dei loro nemici sconfitti, e di come incendiavano le città conquistate, impalando i nemici, tagliando mani e perpetrando violenze inaudite. Uno dei monumenti venuti alla luce fra le rovine dell'antica Assiria, riporta questa iscrizione del Re Assurnasirpal, il cui regno iniziò nel 883 a.C., a riguardo di una delle città conquistate:

"I loro uomini, giovani e vecchi, li presi come prigionieri. Ad alcuni tagliai mani e piedi; ad altri tagliai orecchie, naso e labbra. Delle orecchie dei giovani ne feci una pila; delle teste dei vecchi ne feci un Minareto." Hawlinson, *"Five great monarchies"* vol. 2, p. 85.

La politica assira era quella di deportare i popoli conquistati in altre parti dell'Impero, rimpiazzandoli con stranieri provenienti da altre zone, in modo da distruggere il senso di nazionalismo e annientare ogni speranza di ribellione. Questo è ciò che fecero con il Regno del Nord di Israele nel 722 a.C. In 2 Re 17:24 leggiamo:

"Il re d'Assiria fece venire gente da Babilonia, da Cuta, da Avva, da Camat e da Sefarvaim, e le stabilì nelle città della Samaria al posto dei figli d'Israele; e quelle presero possesso della Samaria, e abitarono nelle sue città."

Questi popoli vennero chiamati in seguito Samaritani. In Nahum 3:1-4, un resoconto di 150 anni dopo Giona, leggiamo la seguente descrizione di Ninive:

"Guai alla città sanguinaria, piena di menzogna e di violenza, che non cessa di depredare..."

Parla anche dei sortilegi e della stregoneria della città. L'idolatria degli assiri era condannata fermamente da vari profeti dell'Antico Testamento (vedi Is. 10:5, Ezec. 16:28, Osea 8:9).

| CONDIVIDERE LE NOSTRE VITE — 1° LEZIONE

Considerando questi retroscena riusciamo a capire come mai gli Israeliti guardavano verso gli Assiri con atteggiamenti di sospetto, sfiducia, paura e mancanza d'amore. Ora ci riesce più facile capire perché Giona non voleva rispondere alla chiamata di Dio di recarsi a Ninive.

> **Domande per l'interazione di gruppo:**
> Come avresti reagito tu se ti fossi trovato nei panni di Giona?
> Soffriamo ancora oggi de "la sindrome di Giona"? In che modo?

3 L'Islam: la nostra Ninive?

Il terrificante Impero Assiro non esiste più oggi. La grande città di Ninive è divenuta un piccolo villaggio dell'attuale Iraq. Altri imperi mondiali e altre persone hanno preso il posto che occupava la Ninive di allora. Per molti Cristiani in Europa, l'Islam costituisce l'equivalente odierno di ciò che costituiva l'impero assiro per gli ebrei del tempo di Giona. Vedono l'aggressività del musulmani estremisti, sentono i discorsi che fanno alcuni imam ed hanno paura, si crea in loro un atteggiamento di sospetto verso i musulmani che sono venuti ad abitare nei loro paesi. Uno dei più grandi ostacoli nella condivisione delle nostre vite con i musulmani è costituito dal nostro atteggiamento. L'atteggiamento di molti Cristiani verso l'Islam e i musulmani è un atteggiamento di paura, pregiudizio, e di sospetto verso i musulmani e l'Islam.

4 Affrontare la nostra paura dell'Islam

La paura fa parte della natura umana. È un'emozione creata da Dio. In positivo, la paura può servire come meccanismo di protezione contro il pericolo. Una paura sana ci protegge da un reale pericolo. Non tutti i timori sono peccaminosi: p.es. Gesù ha avuto timore nel giardino del Getsemani. Allo stesso modo non tutti i pericoli che percepiamo sono dei pericoli reali.

1° LEZIONE — CONDIVIDERE LE NOSTRE VITE

Un acronimo molto usato nella lingua inglese per la parola paura (fear) è:

Falsa
Evidenza
Appare
Reale

Spesso avviene che le cose o le situazioni per le quali abbiamo paura rimangono delle ipotesi e non diventano mai realtà.

La paura spesso distorce la nostra percezione della realtà e di noi stessi e ci fa apparire più deboli di quello che siamo. Distorce le dimensioni dei nostri problemi o la forza di coloro che riteniamo essere i nostri nemici, così che ci appaiono enormi e insormontabili. Ma forse il danno peggiore è che distorce la nostra visione di Dio: ci appare debole, disinteressato o indifferente ai nostri problemi.

La differenza fra la legittima paura di un mondo pericoloso e la paura che immobilizza e offende Dio, ha a che fare con il cosa o chi temiamo e dove ci porta quella paura: ci spinge ad auto proteggerci o ci spinge verso Dio il nostro Protettore? Proverbi 29:25 dice: *"La paura degli uomini è una trappola, ma chi confida nel Signore è al sicuro."*

La paura può diventare un'arma che Satana usa per impedirci di diventare e di fare ciò che il Signore desidera da noi. L'esortazione "non temere" è uno dei comandi più ripetuti nella Bibbia. Da una parte, questo significa che la paura e la preoccupazione sono molto diffuse tra i credenti, dall'altra significa che non dovrebbero far parte della vita di un seguace di Gesù Cristo.

Davide descrive questo paradosso nel modo seguente:

"Nel giorno della paura, io confido in te. In Dio, di cui lodo la parola, in Dio confido, e non temerò; che mi può fare il mortale?" (Salmo 56:4, 5)

Uno dei metodi efficaci per affrontare la nostra paura è indagare su cosa o chi ci incute la nostra paura.

CONDIVIDERE LE NOSTRE VITE — 1° LEZIONE

Nel contesto di questo studio, in cui consideriamo la paura dell'Islam e dei i musulmani, sarebbe buono conoscere come i musulmani vivono la loro fede e in che modo la stanno vivendo e trasmettendo in Europa. Ne parleremo nella terza lezione di questo corso.

Un altro passo importante per affrontare la nostra paura è quello di prenderla sul serio:

> *"Quando la nostra vista è offuscata dalla paura, come facciamo per ritornare ad essere obiettivi? Come facciamo per avere nuovamente una visione oggettiva della realtà quando le minacce sembrano così reali e immediate? La risposta sta nell'affrontare le paure. Se eviti la paura, essa diventerà oscura e distruttiva. Al contrario, permetti alla tua paura di perseguitarti senza cercare di allontanarla con l'attivismo o con delle pie banalità di circostanza. La paura affrontata è un cuore esposto. La paura ci aiuta a capire chi (e cosa) serviamo. Può essere distinta in due categorie: la paura del mondo e il timore di Dio."*[1]

La maggior parte delle nostre paure scaturisce dal nostro bisogno di avere un certo livello di piacere, di onore, di significato, di sicurezza e di gioia in un mondo che sempre più spesso ci riserva dolore, vergogna, caos e sofferenza. La paura del mondo è un altro modo per definire la paura di ciò che la vita – o gli altri – potrebbero farci.

Un altro modo per affrontare la paura è di trasferire la realtà della nostra paura ad un'altra realtà, cioè a quella di Dio, nostro Creatore e nostro Padre in Cristo Gesù. Uno dei modi per superare la paura degli uomini e delle circostanze è quello di diventare più consapevole di chi è Dio.

Questo è uno dei messaggi di Isaia capitoli 40-54, che narra di un periodo storico del popolo di Dio che potrebbe avere dei paralleli con il nostro tempo.

---

[1] Dan. B. Allender & Tremper Longman III, *The Cry of the Soul, how our emotions reveal our deepest questions, about God* (Colorado Springs: NavPress, 1994), 99.

5 Il contesto di Isaia 40-54

Il profeta Isaia profetizzò durante uno dei periodi più bui della storia del popolo d'Israele. Il regno del Nord (le dieci tribù) era stato deportato in Assiria e altrettanto avrebbe subito in seguito il regno del Sud (le due tribù) da parte di un'altra potenza mondiale: Babilonia.

I capitoli 40-54 di Isaia contengono parole espresse da Dio, parole rivolte ad un popolo che viveva in tempi difficili. Erano in esilio, il tempio e la città di Gerusalemme erano distrutti e gli Israeliti dispersi in diverse nazioni. Altri, altre potenze ed altri dei li dominavano.

Addio giorni di gloria! Senza tempio, senza nazione, senza identità. La gente era scoraggiata, depressa e pensava che Dio li avesse abbandonata. Si dicevano l'uno all'altro:

"La mia via è occulta al Signore e al mio diritto non bada il mio Dio." (Isaia 40:27).

E ancora

"Ma Sion ha detto: 'Il SIGNORE mi ha abbandonata, il Signore mi ha dimenticata'." (Isaia 49:14).

I giorni di Davide e Salomone erano finiti, quei tempi in cui erano una nazione indipendente e benestante. Avevano pensato che, finché ci fosse stato il tempio in Gerusalemme, sarebbero stati al sicuro ma ora il tempio era distrutto. In Isaia vengono descritti come: *"un popolo saccheggiato e spogliato; sono tutti legati in caverne, rinchiusi nelle prigioni. Sono abbandonati al saccheggio, e non c'è chi li liberi; spogliati, e non c'è chi dica: 'Restituiscili'."* (Isaia 42:22; cfr 49:19-21)

La gente era delusa da Dio e pensava che Dio non s'occupasse più del Suo popolo, che non volesse o non potesse cambiare le loro circostanze. Non si aspettavano più nulla ormai da Dio. I loro canti del passato erano terminati. Il Salmo 137 esprime bene i loro sentimenti durante questo periodo.

CONDIVIDERE LE NOSTRE VITE   **1° LEZIONE**

"Là, presso i fiumi di Babilonia, sedevamo e piangevamo ricordandoci di Sion. Ai salici delle sponde avevamo appeso le nostre cetre. Là ci chiedevano delle canzoni quelli che ci avevano deportati, dei canti di gioia quelli che ci opprimevano, dicendo: 'Cantateci canzoni di Sion!' Come potremmo cantare i canti del SIGNORE in terra straniera?" (137:1-4)

Erano convinti che la potenza di Dio fosse limitata ai confini della Terra Promessa. Erano scoraggiati, insicuri e impauriti.

In questi tempi oscuri della storia d'Israele, ecco che venne il profeta Isaia con delle parole di consolazione, (Is 40:1) dicendo loro regolamente di non aver paura. (p.es. 40:9, 41:10, 13, 14; 43:1, 5; 44:2, 8; 51:7, 12; 54:4, 14).

Dio voleva aiutare il popolo a superare il timore guardando a Lui: *"...alzala, non temere! Dì alla città di Giuda: "Ecco il vostro Dio!" (Isaia 40:9)*

Dio consola il Suo popolo rivelando ulteriormente Se Stesso:

"Io, io sono colui che vi consola; chi sei tu temi ... che dimentichi il Signore che ti ha fatto ... che tu tremi continuamente, tutto il giorno..." (Isaia 51:12, 13)

In questa sezione, Isaia inizia con le parole: *"Consolate, consolate il mio popolo, dice il vostro Dio."* (Isaia 40:1) e Isaia 54 termina con le parole: *"Nessuna arma fabbricata contro di te riuscirà; ogni lingua che sorgerà in giudizio contro di te, tu la condannerai..."* (Isaia 54:17). Da questo passo passo notiamo cinque aspetti del carattere di Dio che ci aiutano a superare la paura, inclusa la nostra per l'Islam e i musulmani:

A   Dio ci promette la Sua presenza qualunque cosa avvenga

"Tu, non temere, perché Io sono il tuo Dio" (Is. 43:5; cfr. Is. 41:10)

Uno dei motivi per i quali il popolo di Dio non deve temere, nonostante le circostanze in cui si trova, è che Dio ha promesso che sarà con loro. Dio sarà con noi (41:10; 43:5), Lui non ci abbandonerà (Is. 41:17; 42:16) e non ci dimenticherà (44:21; 49:15).

1° LEZIONE — CONDIVIDERE LE NOSTRE VITE

Anche se la Sua presenza con noi non è una garanzia di una vita senza problemi, questa realtà implica che niente ci potrà danneggiare veramente: *"Non temere ... quando dovrai attraversare le acque, io sarò con te." (Is. 43:2).* La presenza di Dio ci conforta durante le circostanze avverse.

B   Dio porta avanti il Suo piano qualunque cosa accada

"Io annunzio la fine sin dal principio, molto tempo prima dico le cose non ancora avvenute; io dico: Il mio piano sussisterà, e metterò a effetto tutta la mia volontà." (Isaia 46:10,11)

Nel Suo desiderio di consolare il Suo popolo e di aiutarlo a superare le loro paure, Dio vuole che ci concentriamo su Chi Egli è:

B.1   Lui è il Creatore Sovrano

"Io, io sono colui che vi consola; chi sei tu che temi l'uomo che deve morire, il figlio dell'uomo che passerà come l'erba ? Hai dimenticato il Signore che ti ha fatto, che ha disteso i cieli e fondato la terra? Tu tremi continuamente, tutto il giorno, davanti al furore dell'oppressore, quando si prepara a distruggere. Ma dov'è il furore dell'oppressore?" (Isaia 51:12, 13).

In tempi di angoscia, quando c'è la tempesta attorno a noi e quando sembra che i fondamenti della nostra vita crollino, Dio vuole che ci rendiamo conto che Lui è il Creatore sovrano. Il nostro Dio è il Creatore che ha fatto tutto (44:24; 48:13; 51:16). Lui pesa e lui misura (40:12) cielo e terra, oceani e montagne(40:12), foreste e animali (40:16), stelle e pianeti (40:26) ma anche popoli e nazioni(40:15). É il Creatore Sovrano che dona il respiro al Suo popolo e la vita a tutti coloro che camminano sul pianeta Terra (42:5).

Tutti gli uomini, inclusi gli uomini potenti, devono la loro esistenza a Lui che ha creato il cielo e la terra (40:28).

Egli ha creato i cieli e la terra per uno scopo (45:18).Lui, il Creatore sovrano, non ha bisogno dell'aiuto di nessuno(40:13, 14; 44:24). Possiamo fidarci della Sua potenza, saggezza ed intenzioni anche se non le capiamo sempre.

Uomini e potenze, che cercano di intimidirci e impaurirci, non sono che gocce in un secchiello(40:15), locuste (40:22) o argilla (45:9) nelle mani del Creatore sovrano.

B.2   Lui è il Giudice di tutta la terra

"Isole, fate silenzio davanti a me! Riprendano nuove forze i popoli, si accostino e poi parlino! Veniamo assieme in giudizio." (Isaia 41:1)

Dio chiama le nazioni e i loro idoli a presentare la loro causa, ad esporre le loro ragioni (Is. 41:19-25) e a portare i loro testimoni (43:9-21), a riunirsi e a convenire insieme (45:20). Isaia ci descrive Dio come un Dio giusto che chiama tutte le nazioni e tutti i popoli a presentarsi davanti a Lui per il giudizio. Dio è il giusto Giudice di tutta la terra. Egli chiama le nazioni a rendere conto delle loro vite, delle loro religioni e dei loro pensieri. Essi entrano nel Suo tribunale. Egli è il Giudice di tutti e a tempo debito, emetterà il verdetto su ogni persona.

Egli governa con equità e giustizia. La Sua giustizia diverrà una luce fra le nazioni (51:5) e il suo braccio porterà giustizia alle nazioni (51:5) e la sua giustizia non delude mai (51:6). Giusto anche quando sembra che le ingiustizie in certi momenti trionfino, ma possiamo essere certi che un giorno Dio farà giustizia. Arriveranno i tempi in cui ogni ginocchio dovrà piegarsi e riconoscere la Sua Signori (45:23). Questa certezza ci rende capaci di non fare giustizia da noi stessi.

B.3   Egli è il Re dei re

"Chi ha suscitato dall'oriente colui che la giustizia chiama sui suoi passi? Egli dà in sua balìa le nazioni e lo fa dominare sui re; egli riduce la loro spada in polvere e il loro arco come pula portata via dal vento." (Isaia 41:2, 3)

Dio umilia i potenti della terra che possono sembrare così imponenti e capaci di causare grandi danni(40:23). Lui usa capi politici, i quali pensano di poter realizzare i loro sogni, per effettuare il Suo piano e i Suoi eterni propositi (41;25; cfr: 44:48; 45:1-13).

Il passo di Isaia si riferisce principalmente a Ciro, il re di Persia che Dio chiama 'mio pastore' e 'mio unto' che farà ciò che piace a Dio (44:28 e 45:1).

Vediamo Dio che fa sorgere un re, lo guida in vittoria e consegna a lui delle nazioni. Dio è il Signore dei signori della storia. Egli controlla i piani degli uomini e delle nazioni per il Suo scopo. Dio porrà fine ai malvagi regni degli uomini (come la Babilonia dei tempi di Isaia) anche se pensano che il loro potere durerà per sempre(47:7). Nella Sua onnipotenza Dio usava i popoli pagani per castigare il Suo popolo (47:6).

B.4 Lui è il Primo e l'Ultimo

"Chi ha operato, chi ha fatto questo? Colui che fin dal principio ha chiamato le generazioni alla vita. Io, il Signore, sono il primo; io sarò con gli ultimi." (41:4; cfr. 43:10; 44:6; 48:12)

Dio ha il controllo sulla storia di tutta l'umanità. Lui è il Primo. Lui era quando non c'era ancora nulla di creato e tutto il creato deve tutta la sua esistenza a Lui. Lui è l'unico che non fu creato. Lui è eterno (40:28) e Lui ci sarà alla fine dei tempi quando tutto sarà compiuto in armonia con i Suoi eterni propositi. Lui conosce la fine sin dall'inizio (44:7; 46:10; 48:3) ed il futuro è nelle Sue mani (45:11).

La storia dell'umanità non è una catena di avvenimenti casuali, ma essa si svolge secondo il piano divino. Questo vuol dire che Dio certamente ha un piano per la storia dell'uomo, ed Egli dirige i passi degli eventi umani verso l'adempimento dei Suoi disegni.

Il fatto che Dio è il Primo e l'Ultimo significa che Lui ha il potere anche su tutto ciò che si trova in mezzo. È Lui che dirige la storia dell'umanità e persino le nostre vite individuali. Il fatto che Lui si definisca il Primo e l'Ultimo significa anche che Lui è l'unica Autorità, l'unico Redentore: *"Io, io sono il SIGNORE, e fuori di me non c'è salvatore."* (43:11; 44:8; 44:24; 45:5, 6, 18, 21, 22; 46:9, 10).

CONDIVIDERE LE NOSTRE VITE   1° LEZIONE

Gesù usa la medesima definizione di se stesso, il Primo e l'Ultimo in Apocalisse 1:17 e 22:13.

> **Domande per l'interazione di gruppo:**
> - Dio è il Signore della storia: che cosa ci dice sulle origini dell'Islam nel 6° secolo d.C.?
> - Alla luce della sovranità di Dio come dovremmo vedere i fondamentalisti islamici e i gruppi come i Talebani ed Al-Qaida? Possono questi gruppi essere usati da Dio per portare a compimentosati anche loro da Dio per effettuare i Suoi piani? Se si, quali potrebbero essere questi propositi?
> - Come si relaziona la sovranità di Dio con la venuta di milioni di musulmani in Europa? Rispondiamo alla luce di Atti 17:26, 27: *"Egli ha tratto da uno solo tutte le nazioni degli uomini perché abitino su tutta la faccia della terra, avendo determinato le epoche loro assegnate, e i confini della loro abitazione, affinché cerchino Dio, se mai giungano a trovarlo, come a tastoni..."*.

C   La devozione di Dio verso i Suoi figli

"Ma tu, Israele, mio servo, Giacobbe che io ho scelto, discendenza di Abraamo, l'amico mio, tu che ho preso dalle estremità della terra, che ho chiamato dalle parti più remote di essa, a cui ho detto: 'Tu sei il mio servo', ti ho scelto e non ti ho rigettato. Tu, non temere..." (Isaia 41:8, 9).

"Non temere, perché io ti ho riscattato, ti ho chiamato per nome; tu sei mio." (43:1).

Ai tempi di Isaia il popolo pensava che ormai tutto era finito. Altri regni sembravano più forti e la loro fine sembrava vicina. Nei nostri tempi i cristiani in Europa hanno paura che la chiesa sparisca. In diversi luoghi delle chiese vengono trasformate in moschee e l'influenza del cristianesimo sulla società sembra diminuire. Su questo sfondo le parole di Isaia sono da considerarsi attuali. Isaia ricorda al popolo di Dio di quei tempi, e indirettamente anche ai cristiani del 21° secolo in Eu-

1° LEZIONE — CONDIVIDERE LE NOSTRE VITE

ropa , che agli occhi di Dio il Suo popolo è prezioso (43:4); e che è scolpito nei palmi delle Sue mani (49:16).

Dio non si vergogna di essere il loro Dio (40:1, 43:3), il loro Redentore (43:14) e Re (43:15). Lui ha legato la Sua reputazione alla loro (48:11; 43:7). Li protegge in tempi di angoscia (43:2; 54:17); li guida come un pastore (40:11); offre loro il Suo aiuto (40: 13, 14); li rinforza (41:10); li consola (40:1; 51:12); promette loro un avvenire (42:14-16; 43:5, 6).

D I propositi di Dio per i Suoi servi passano attraverso la croce

La promessa di Dio è che sarà sempre con noi. Questo non vuol dire che il Suo popolo non subirà tempi di persecuzione, minacce e sofferenza. Al contrario, proprio da questa parte del libro di Isaia impariamo che la sofferenza è parte integrante della realizzazione dei piani eterni di Dio.

In questa parte del libro di Isaia troviamo quattro brani che ci parlano del "Servo del Signore" (42:1-9; 49:1-6; 50:4-9; 52:13-53:12). Ogni brano parla di una figura del Servo che ha ricevuto una missione da parte del Suo Signore. La grande opera di Dio in favore di Israele e di tutto il mondo si effettua attraverso questo Servo. L'atteggiamento e l'opera di questo Servo trovano adempimento nella persona di Gesù Cristo. Il Servo del Signore rende possibile il ritorno dall'esilio non soltanto da un punto di vista geografico ma anche da un punto di vista spirituale. È attraverso questo Servo che si realizzano i propositi di Dio. Non è, però, senza significato il fatto che in tre dei quattro capitoli si parla di questo Servo ed anche della sofferenza. Nel secondo (49:4, 7) e nel terzo (50:6) non è così rilevante, ma nel quarto esempio la sofferenza gioca un ruolo fondamentale. Se il Servo di Dio non poteva realizzare i propositi di Dio senza passare per la sofferenza, questo implica che la sofferenza è prevista anche per i seguaci di Gesù. Questo amore di Gesù che si dona ai Suoi discepoli è il modello da imitare nelle relazioni con i Musulmani.

CONDIVIDERE LE NOSTRE VITE 1° LEZIONE

6 Il timore di Dio ci aiuta a superare la paura degli uomini e delle circostanze

Chi di voi teme il Signore e ascolta la voce del suo servo? Sebbene cammini nelle tenebre, privo di luce, confidi nel nome del Signore e si appoggi al Suo Dio. (50:10)

In questa parte della Bibbia Dio consola il Suo popolo dirigendo il loro sguardo verso di Lui, ripetendo più di dieci volte: "Non temere". Siamo incoraggiati a non aver timore: timore degli uomini, dei governanti, delle situazioni, del nostro futuro, dell'ingiustizia, etc. Ma siamo incoraggiati a temere Dio. Il "timor di Dio" viene usato nella Bibbia come un termine per indicare un atteggiamento di riverenza, rispetto, fiducia e ubbidienza.

"Quando siamo disorientati e abbiamo meno timore di Dio che di qualcos'altro, allora siamo nei guai. Quando abbiamo timore di qualcosa, ci dimentichiamo di temere Dio. ...Alla presenza di Dio, tutti i timori umani scompaiono come il fumo viene disperso dal vento. ...Il timore del Signore non ci spinge lontani da Lui, ma al contrario ci spinge a Lui. È solo quando il timore del Signore sovrasta il nostro timore del mondo, allora possiamo veramente e in maniera efficace vincere le nostre paure del mondo."[2]

Più temiamo il Signore, meno forti saranno le nostre paure di fronte agli uomini e alle circostanze, come Davide scrive nel Salmo 112:

"Beato l'uomo che teme il Signore ... egli non temerà cattive notizie; il suo cuore è saldo, fiducioso nel Signore. Il suo cuore è tenace, privo di paure." (Sl 112:1, 7)

---

[2] Allender and Tremper Longman III, 102,103.

1° LEZIONE   CONDIVIDERE LE NOSTRE VITE

Compito

Il compito principale dopo questa lezione è di pregare, una preghiera per un cambiamento del mondo in generale e del tuo cuore in particolare. Ti consigliamo caldamente di pregare regolarmente per i musulmani. I musulmani che vedi al telegiornale, i musulmani di cui hai sentito parlare o anche i musulmani che conosci personalmente. Prega affinché Dio faccia di loro i Suoi discepoli.

1. Esamina la tua vita (chiedi a Dio di mostrarti i punti ciechi): ci sono aree della tua vita nelle quali il timore degli uomini o delle circostanze è maggiore del tuo timore di Dio? Come puoi applicare le lezioni tratte da Isaia 40-55 a queste situazioni?
2. Vogliamo incoraggiarti ad esaminare il tuo atteggiamento verso l'Islam e i Musulmani durante il tuo tempo di preghiera. Per rendere questo il più pratico possibile, ti suggeriamo di prendere il foglio che hai usato all'inizio della lezione, nel quale hai scritto i tuoi pensieri e le tue immagini sull'Islam e i Musulmani e come pensi o come vorresti che fosse l'islam fra 20 anni.

Desideriamo anche incoraggiarvi a portare dinanzi a Dio il tuo atteggiamento verso i musulmani. Per realizzarlo concretamente ti consigliamo di portare a casa il foglio sul quale hai scritto i tuoi pensieri sull'Islam e sui musulmani, e di usarlo ogni qualvolta preghi insieme alla lettura dei seguenti brani biblici:

1° giorno: Salmo 137
2° giorno: Salmo 109
3° giorno: Salmo 55
4° giorno: Salmo 69
5° giorno: Salmo 56
6° giorno: Salmo 27
7° giorno: Salmo 91

Ed ogni giorno, leggendo i salmi assegnati, rispondi alla seguente domanda: Quale lezione posso trarre da questo Salmo sul mio atteggiamento verso l'Islam e verso i musulmani?

| CONDIVIDERE LE NOSTRE VITE   1° LEZIONE

La gran parte di questi Salmi sono i cosiddetti "salmi di vendetta", nei quali il salmista chiede a Dio di punire i suoi nemici. Molti cristiani hanno difficoltà ad abbinare il contenuto di questi salmi con l'amore di Dio ed il suo comandamento di amare i nostri nemici. Questo, però, non costituisce una contraddizione. Le preghiere in questi salmi significano che capiamo ciò che ci dicono Deuteronomio 32:35 e Romani 12:19-21, cioè "a Me la vendetta; io darò la retribuzione, dice il Signore."

Questi Salmi ci dimostrano che c'è posto per le nostre emozioni negative quando incontriamo Dio per mezzo della preghiera, anche per le emozioni negative. Quando andiamo con la nostra rabbia, con la nostra paura, con i nostri pregiudizi ad un Dio che è amorevole, misericordioso, santo e giusto, allora questi sentimenti trovano riposo e Lui ci può insegnare cosa vogliano dire grazia, perdono proprio in base alla Sua natura.

Psalm 137

Questo salmo esprime i sentimenti post-traumatici del popolo di Dio, in esilio in Babilonia. Hanno sperimentato una terribile violenza, e sono stati portati via a forza dalle loro case e costretti a vivere sotto la dominazione di un regime straniero. Sono pieni di dolore e disperazione. Vogliono sapere ciò che Dio farà a questo proposito. Vogliono giustizia e vendetta.

> "Osare esprimere un desiderio di vendetta nel contesto dell'adorazione di un Dio che è amore, porta a comprendere che desiderare di voler 'sfracellare sulle pietre' i bambini dei propri nemici, è un sentimento insopportabile."[3]

Psalm 109

In questo Salmo ascoltiamo la voce di Davide che era pieno di rabbia per un attacco ingiusto. Era arrabbiato. Voleva vendetta, estesa a tutta la famiglia dell'uomo che lo aveva ferito. Il suo desiderio di volere

---

[3] Ida Glaser: 'We Sat Down and Wept': Biblical Babylon and Israel as Resources for Conflict Situations, *The Round Table*, Vol. 94, No. 382, 641-651, Ottobre 2005.

1° LEZIONE — CONDIVIDERE LE NOSTRE VITE

del male per i suoi assalitori, gli ha causato agonia. Rifletti su quale sia il posto della rabbia nella vita Cristiana.

Psalm 55

In questo salmo Davide esprime la sua grande ansietà e la paura. Il pericolo che affronta, ha avvolto completamente la sua mente con un tale furia ossessiva che non è in gradi di pensare ad altro. Un suo amico intimo ha violato la sua fiducia e lo ha ferito profondamente. Il desiderio di Davide è di scappare lontano dal pericolo. Ma secondo la parte finale di questo salmo, Davide non fugge verso il deserto, ma va verso Dio. Davide sa che Dio risponderà ai suoi timori attraverso la Sua presenza divina.

Psalm 69

Nei Salmi incontriamo la bontà di Dio nel mezzo del dolore. Il Salmo 69 fornisce un buon esempio di transizione dalla sofferenza, dal timore e dalla paura verso la gloria e il riposo. Siccome la visione di Davide lo sospinge dalla sofferenza a Dio, alla fine del Salmo c'è un improvviso cambio di atteggiamento, dal dolore alla gioia (versetti 30-36).

Psalm 56

Questo è un altro salmo nel quale Davide porta i suoi timori davanti al Signore. Il Salmo esprime un paradosso: "Quando ho paura, io confido in te … in Dio confido, non avrò timore." Riconosci questo paradosso anche nella tua vita?

Psalm 27

In questo salmo Davide riconosce che Dio è più grande delle sue circostanze avverse. Le circostanze possono rimanere le stesse, ma alla presenza di Dio uno può avere la pace anche in mezzo a circostanze contrarie.

Psalm 91

Questo Salmo insegna che in tempi di pericolo, quando le circostanze difficili e le persone ci assediano, possiamo rifugiarci alla presenza di Dio.

2° LEZIONE   CONDIVIDERE LE NOSTRE VITE

2° LEZIONE
SVILUPPARE UN ATTEGGIAMENTO DI GRAZIA

Obiettivo: aiutare i partecipanti a comprendere l'importanza della grazia di Dio nella Bibbia e nelle nostre vite, in particolare nelle relazioni con l'slam e i Musulmani

> **Compito:**
> Parlate insieme dei compiti che avete svolto in riferimento alla prima lezione a proposito dei rispettivi Salmi.
> Che cosa vi ha colpito?

1   Introduzione

Nella lezione precedente abbiamo riflettuto sul nostro atteggiamento verso l'Islam e i musulmani. Quando portiamo la nostra paura dell'Islam davanti a Dio, allora si crea uno spazio per la crescita di un atteggiamento diverso verso l'Islam e verso i musulmani, cioè quello compassionevole. In questa lezione, vogliamo soffermarci ulteriormente su quest'aspetto. Vogliamo riflettere sulla grazia di Dio nella vita di Giona e sulla riluttanza a diventare un canale di quella grazia.

Vogliamo aiutarti a comprendere meglio il ruolo importante che la grazia riveste nella Bibbia e di quanto sia importante per le nostre vite; inoltre vogliamo imparare che cosa implica lo sviluppo di un atteggiamento di grazia verso i musulmani.

> **Compito:**
> Prendi un foglio di carta e scrivi cosa tu intendi per "grazia".
>
> **Domanda di gruppo:**
> C.S. Lewis ha detto una volta: *la caratteristica che rende unico il cristianesimo rispetto alle altre religioni mondiali è la grazia.*
> Sei d'accordo con questa affermazione? Perché?

CONDIVIDERE LE NOSTRE VITE   2° LEZIONE

2 *Lezioni sulla grazia dalla vita di Giona*

"Dal ventre del pesce Giona pregò il Signore, il suo Dio, e disse: "Ho gridato al Signore, dal fondo della mia angoscia, ed egli mi ha risposto!" (Giona 2:2, 3)

Giona è scappato da Dio; ora si trova sotto il giudizio divino. Eppure ha il coraggio di chiedere aiuto a Dio. Dio risponde alla sua preghiera con grazia. Mentre era nel pesce, Giona si rende conto che dipende dalla compassione e dalla grazia di Dio, e afferma: *"La salvezza viene dal Signore!"* (2:9). Il pesce simboleggia la grazia di Dio. La nostra conoscenza della vita di Giona non deve, però, renderci ciechi riguardo alla grandezza della grazia e della compassione di Dio che vediamo in questa storia. Il Signore vuole insegnarci ad essere compassionevoli invece di essere orgogliosi e giudicare. Lui vuole che il nostro cuore diventi grande in compassione proprio come è grande la sua compassione nei nostri confronti. Purtroppo vediamo che Giona non ha imparato fino in fondo questa lezione.

"O Signore, non era forse questo che io dicevo, mentre ero ancora nel mio paese? Perciò mi affrettai a fuggire a Tarsis. Sapevo infatti che tu sei un Dio misericordioso, pietoso…" (Giona 4:1, 2)

Quello che Giona temeva, e la ragione per cui fu disubbidiente alla chiamata di Dio di recarsi a Ninive, divenne realtà. Dio perdona gli abitanti di Ninive e mostra loro grazia invece del giudizio. Il capitolo 4 ci dimostra l'amore di Dio per Giona e il modo in cui cerca di istruirlo. Dio entra in dialogo con il suo servo e continua a prendersi cura di lui, perché ci tiene a Giona. Dio non si accontenta dell'ubbidienza apparente manifestata da Giona nel capitolo 3, ma Dio gli insegna a mostrare grazia verso coloro ai quali Dio mostra grazia. Il cuore di Giona non è cambiato da come era nel capitolo 1.

Dio chiede a Giona: *"Fai bene ad irritarti così?"* (4:4) Dio invita Giona ad esaminare se stesso e il suo atteggiamento nei confronti di quelle persone che è stato chiamato a servire. Anche se Giona fa una bellissima affermazione teologica (in 4:2), il resto del capitolo mostra che una buona teologia non conduce automaticamente ad un atteggiamento del cuore che sia in linea con essa. Per questo motivo Giona viene invitato ad esaminare se stesso.

Rifletti su questo: se c'era qualcuno che aveva motivo di essere arrabbiato verso i Niniviti, questo era Dio stesso. Dio odia il peccato e la violenza. Eppure sceglie di offrire la grazia e il perdono ai perdona peccatori e ai violenti La domanda di Dio a Giona in altri termini è: ma chi sei tu Giona per essere arrabbiato, quando io, Dio ho deciso di non distruggere Ninive? Giona avrebbe dovuto sapere che la Torah dice: "*A Me la vendetta e la retribuzione*" (Deuteronomio 32:35). Quello è compito di Dio non di Giona: il problema è che tendiamo, come Giona, a voler controllare Dio.

Prendiamo il posto di Dio quando continuiamo ad essere arrabbiati con individui o con gruppi di persone che Dio invece vuole perdonare. Quando attraverso un atteggiamento negativo, parole maldicenti o azioni aggressive, prendiamo nelle nostre mani il loro castigo, ci comportiamo come si comportò Giona. Così facendo, prendiamo il posto di Dio allorquando ci ergiamo a giudici. Dio, invece, ci chiede come lo fece a Giona: "*Fai bene ad irritarti così?*" E la risposta giusta dovrebbe essere: "*No Signore, non è il mio diritto ma il tuo solo*". Non dimentichiamoci di mostrare ad altri la stessa grazia e la stessa compassione che Dio ha dimostrato verso di noi!

> **Domande di gruppo:**
> Giona trovava che mostrare compassione e perdonare era troppo costoso. Ti riconosci in questo? In quali circostanze incontri difficoltà nell'avvicinarti agli altri con compassione?

3 La descrizione della grazia

"*...Ma per la grazia di Dio io sono quello che sono...*" (1 Cor. 15:9-11)

Qualcuno ha suggerito il seguente acronimo, che è una buona definizione di grazia:

G (God's) **R** (Riches) **A** (At) **C** (Christ's) **E** (Expense). Le ricchezze di Dio a spese di Gesù.

CONDIVIDERE LE NOSTRE VITE   2° LEZIONE

Una delle definizioni più conosciute di grazia è la seguente: *il favore immeritato di Dio*. Il termine greco per grazia è charis. L'idea di fondo è semplice "un favore non meritato, non guadagnato, un dono immeritato, un favore una benedizione elargita gratuitamente, mai come ricompensa per un lavoro compiuto." La parola ebraica per "grazia" *(chesed)* significa anche " inchinarsi". Nel Salmo 18:36 esso viene tradotto con *"bontà divina"*.

La grazia è "ciò che Dio compie per il genere umano attraverso Suo Figlio, che l'umanità non può guadagnare, non merita e non meriterà mai." La Bibbia usa diversi aggettivi per descrivere la grazia, parole come: gloriosa (Efesini 1:6), abbondante (Atti 4:33), immensamente ricca (Efesini 1:7, 2:7), varia, molteplice, multicolore, (1 Pietro 4:10), e sufficiente (2 Corinzi 12:9). Facendo uno studio sul concetto della grazia nella Bibbia, vengono fuori tre elementi:

1   la grazia è caratteristica della natura divina;
2   la grazia è legata a tutte le verità bibliche importanti;
3   la grazia deve essere (perciò) manifestata nelle nostre vite.

Parleremo di tutte e tre queste caratteristiche.

3. A   La grazia è caratteristica della natura divina

3.A.1   Troviamo la grazia di Dio in tutta la Bibbia

Nel Nuovo Testamento l'espressione "la grazia di Dio" viene usata ben 20 volte[4]. Questo indica che Dio è la fonte della grazia. Dio viene definito "l'Iddio di ogni grazia" (1 Pietro 5:10) che regna sovranamente stando sul Suo "trono della grazia" (Ebrei 4:16). Lo Spirito di Dio è chiamato lo "Spirito di grazia" (Ebrei 10:28, 29). Il Vangelo è definito "il Vangelo della grazia di Dio" (Atti 20:24). La Parola di Dio è chiamata la "Parola della Sua grazia" (Atti 20:32).

Troviamo la grazia di Dio in tutta la Bibbia, sia nell'Antico sia nel Nuovo Testamento. Tuttavia, l'Antico Testamento solamente anticipa e prepa-

---

[4] Luca 2:40, Atti 11:23, 13:43; 14:26; 20:24; Rom. 5:15; 1 Cor. 1:4; 3:10; 15:10; 2 Cor. 1:12; 6:1; 8:1; 9:14; Gal. 2:21; Col. 1:6; Tito 2:11; Ebr. 2:9; 12:15; 1 Piet. 4:10; 5:12.

ra la piena espressione della grazia che diverrà manifesta nel Nuovo Testamento. La prima volta che viene usata la parola *grazia* è in Genesi 6:8 dove leggiamo *"Ma Noè trovò grazia agli occhi del Signore"*. Una delle ultime parole di Dio nella Bibbia ci parla (ancora) della grazia: *Colui che attesta queste cose, dice: "Sì, vengo presto !" Amen! Vieni, Signore Gesù! La grazia del Signore Gesù sia con tutti* (Apocalisse 22:20, 21).

3.A.2 Gesù è la rivelazione finale della grazia di Dio

Nel Vangelo di Giovanni leggiamo: *"E la Parola è diventata carne e ha abitato per un tempo fra di noi, piena di grazia e di verità; e noi abbiamo contemplato la sua gloria, gloria come di unigenito dal Padre ... Infatti, dalla sua pienezza noi tutti abbiamo ricevuto grazia su grazia; poiché la legge è stata data per mezzo di Mosè; la grazia e la verità sono venute per mezzo di Gesù Cristo."* (Giovanni 1:14, 16,17)

Quando Paolo scrive a Tito riguardo alla prima venuta di Gesù egli scrive: *"Infatti la grazia di Dio, salvifica per tutti gli uomini, si è manifestata."* (Tito 2:11). La grazia di Dio è più di una caratteristica divina; è una Persona divina, Gesù Cristo Gesù Cristo non era solo Dio fatto carne, ma era la grazia fatta carne. Potremmo dire che Gesù è la personificazione della grazia di Dio.

3.B La grazia è legata a tutte le verità bibliche fondamentali

"Infatti è per grazia che siete stati salvati, mediante la fede; e ciò non viene da voi; è il dono di Dio. Non è in virtù di opere affinché nessuno se ne vanti." (Efesini 2:8)

La grazia forma il cuore del messaggio biblico, essa è parte integrante di tutti gli insegnamenti importanti della Bibbia:

Siamo resi giusti per il dono della grazia di Dio (Tito 3:4-8; Rom. 3:21-24). Siamo salvati per grazia (2 Tim. 1:9; Atti 15:8-12). Siamo perdonati, redenti e adottati come figli di Dio per grazia (Efes. 1:3-8; Atti 18:26-28). Siamo chiamati ed eletti per grazia (2 Tim. 1:7-10; Gal. 1:6; Gal. 1:13-17; Rom 11:5, 6). La nostra speranza e la nostra sicurezza eterna sono basate sulla grazia divina (2 Tess. 2:15-17; 1 Pietro 1:13-15; Rom. 5:1, 2).

CONDIVIDERE LE NOSTRE VITE   2° LEZIONE

La grazia di Dio è preziosa. Nella sua prima lettera, nella quale la grazia é uno dei temi principali, (1:2, 10, 13; 2:19, 20; 3:7; 4:10; 5:10, 12), l'Apostolo Pietro ci ricorda che non siamo stati riscattati con cose corruttibili, come l'oro e l'argento, ma con "il prezioso sangue di Cristo" (1:19).

È un meraviglioso paradosso divino: la grazia è stata incommensurabilmente costosa per Dio, eppure viene offerta gratuitamente a tutti. La grazia di Dio è un dono offerto gratuitamente agli uomini, ma acquistato a caro prezzo!

In 1 Corinzi 15:10 l'apostolo Paolo scrive:

"Ma per la grazia di Dio io sono quello che sono; e la grazia sua verso di me non è stata vana..." (1 Cor. 15:10)

Nella sua testimonianza vediamo un'illustrazione eccellente dell'applicazione pratica della grazia. Il segno distintivo di un figlio di Dio è che per la grazia di Dio egli è ciò che è.

3.C   La grazia di Dio deve manifestarsi nella nostra vita

"Quand'egli (Barnaba) giunse e vide la grazia di Dio, si rallegrò..." (Atti 11:23)

Poiché la "grazia" è così fortemente legata alla natura di Dio ed è parte integrante della fede cristiana, allora è più che normale renderci conto che la grazia ha un ruolo centrale nella nostra vita e che si deve manifestare in tutto quello che facciamo e siamo. Quando Barnaba arrivò in Antiochia **vide** la grazia di Dio manifestata nella vita dei credenti (Atti 11:23). Gli apostoli videro "la grazia di Dio" in Paolo e perciò gli diedero la mano in segno di comunione (Galati 2:9). La grazia è qualcosa che deve essere visibile e riconoscibile nelle nostra vite. Potremmo definire la grazia come "amore in azione". Quando abbiamo ricevuto la grazia di Dio e dipendiamo quotidianamente dalla grazia di Dio in noi e verso di noi, allora la nostra vita cambia e guida le nostre azioni.

Eppure, i cristiani non sono sempre conosciuti per la loro grazia.

"Le due cause principali di problemi relazionali fra i Cristiani evangelici sono l'incapacità di comprendere, ricevere e vivere la grazia e il perdono

2° LEZIONE CONDIVIDERE LE NOSTRE VITE

incondizionale di Dio e l'incapacità di offrire l'amore incondizionale, il perdono e la grazia agli altri. Leggiamo, ascoltiamo e crediamo in una buona teologia della grazia ma non la viviamo. La buona notizia del Vangelo della grazia non è penetrata a livello delle nostre emozioni."[5]

Per questo motivo è bene guardare a ciò che la Bibbia insegna a proposito della grazia in azione nelle nostre vite.

3.C.1 La grazia ci rende capaci di condurre delle vite trasformate

"Infatti la grazia di Dio, salvifica per tutti gli uomini, si è manifestata, e ci insegna a rinunziare all'empietà e alle passioni mondane, per vivere in questo mondo moderatamente, giustamente e in modo santo..." (Tito 2:11, 12)

In questi versetti e anche in Tito 3:3-8 Paolo abbina la grazia di Dio con lo stile di vita quotidiano del credente. La grazia di Dio trasforma la vita. La grazia di Dio ci dà salvezza ma non si ferma lì. La grazia rende il credente capace di crescere nella santificazione. La grazia ci rende capaci di dire "no" all'empietà e alle passioni mondane e di vivere invece una vita che porti frutto per Dio (Tito 3:8). I concetti della fede cristiana si manifestano in modo evidente attraverso la nostra condotta. Cosa possono imparare le persone dalla nostra fede guardando la nostra condotta?

3.C.2 La grazia previene l'amarezza in noi e ci rende liberi di perdonare e distaccarsi da essa

"Impegnatevi a cercare la pace con tutti e la santificazione senza la quale nessuno vedrà il Signore; vigilando bene che nessuno resti privo della grazia di Dio; che nessuna radice velenosa venga fuori a darvi molestia e molti di voi ne siano contagiati." (Ebrei 12:14, 15)

La grazia ci libera da un atteggiamento legalista che spesso è fonte di amarezza. Il legalismo pone l'enfasi su ciò che dovremmo fare per Dio

---

[5] David A. Seamands, *Healing for Damaged Emotions,* (Scripture Press, Victory Books, USA, 1991), 32.

CONDIVIDERE LE NOSTRE VITE — 2° LEZIONE

prima di ciò che Egli ha fatto per noi in Cristo Gesù e ci mette (noi e coloro intorno a noi) in una condizione nella quale sentiamo di non aver mai fatto abbastanza. L'amarezza induce la persona a giudizi duri e opinioni impietose verso gli altri, e questo lo rende amaro, repulsivo nei suoi atteggiamenti, gli dipinge un ghigno sul volto e inietta veleno nelle parole della sua lingua.

Abbiamo bisogno di grazia nelle nostre relazioni con le persone che ci circondano. Questa grazia si esprime attraverso la pazienza, la capacità di perdonare, l'umiltà, e ci rende liberi in modo da poter dare spazio a Dio affinché lui lavori nelle vite degli altri. Crescere nella grazia ci aiuta a spendere meno tempo ed energie in un atteggiamento critico e legalista e ci rende più tolleranti. Ci rende capaci di non essere legati ai comportamenti che sono attorno a noi ma di lasciarli perdere.

Chuck Swindoll cita nel suo libro "Grace awakening" une poesia di un autore anonimo per meglio spiegare cosa vuol dire, per una persona di grazia, lasciar andare i comportamenti degli altri:

> **LASCIAR ANDARE**[6]
> Lasciar andare non significa smettere di amare,
> ma vuol dire che non lo posso fare per l'altro.
> Lasciar andare non significa che rompo tutti i legami,
> ma che io non domino l'altro.
> Lasciar andare significa ammettere la mia impotenza;
> l'esito non è nella mie mani.
> Lasciar andare significa non Cercare di cambiare l'altro,
> posso cambiare solo me stesso.
> Lasciar andare significa non essere apprensivi,
> ma amare profondamente.
> Lasciare andare non significa sistemare tutto sull'altro,
> ma sostenere il prossimo.
> Lasciar andare non significa giudicare,
> ma permettere all'altro di essere un essere umano.

---

[6] Lasciare liberi con un atteggiamento di grazia.

2° LEZIONE   CONDIVIDERE LE NOSTRE VITE

> Lasciar andare non significa voler dirigere le faccende dell'altro,
> ma permettere che lo faccia da solo.
> Lasciar andare non significa essere protettivo,
> ma permettere all'altro di scoprire da solo la realtà.
> Lasciar andare non significa negare, ma accettare.
> Lasciar andare non significa rimproverare l'altro,
> ma cercare i miei difetti e correggerli.
> Lasciar andare non significa adattare tutto ai miei desideri,
> ma accettare ciò che ogni giorno mi porta.
> Lasciar andare non significa criticare e manipolare gli altri,
> ma impegnarsi a diventare ciò che sogno di essere.
> Lasciar andare non significa rimpiangere il passato,
> ma crescere e vivere per il futuro.
> Lasciar andare significa aver meno paura ed amare di più.[7]

3.C.3 La grazia ci mantiene umili

"Anzi, Egli ci accorda una grazia maggiore; perciò la Scrittura dice: Dio resiste ai superbi e dà grazia agli umili" (Giacomo 4:6; 1 Pietro 5:5; Proverbi 3:34)

L'umiltà è necessaria per poter ricevere la grazia e al contempo espressione della grazia che abbiamo ricevuta. La grazia di Dio aiuta il credente a comprendere che non può camminare come Dio desidera confidando nella sua forza naturale, perché si tratta di un cammino soprannaturale, spinto dalla grazia, e in continua e completa dipendenza dalla Sua provvisione.

3.C.4 La grazia dà forza soprannaturale per poter affrontare le difficoltà

"Ed Egli mi ha detto: La Mia grazia ti basta, perché la mia potenza si dimostra perfetta nella debolezza. Perciò molto volentieri mi vanterò

---

[7] Charles R. Swindoll, The Grace Awakening, (Milton Keynes, UK: Word Publishing, 1990), 146, 147.

CONDIVIDERE LE NOSTRE VITE   2° LEZIONE

piuttosto delle mie debolezze, affinché la potenza di Cristo riposi su di me" (2 Corinzi 12:9)

Paolo scrive che era stato rapito fino al terzo cielo e che gli era stata messa una spina nella carne per non farlo insuperbire. Paolo chiese per tre volte al Signore che gli togliesse la spina. La risposta del Signore fu :"La mia grazia ti basta." Se la grazia di Dio è sufficiente per salvarci, sicuramente è anche sufficiente per proteggerci e per fortificarci nei tempi di prova e di sofferenza. Dio permette che diventiamo deboli, così che possiamo ricevere la Sua forza.

3.C.5 La grazia influenza il nostro modo di parlare

"Comportatevi con saggezza verso quelli di fuori, ricuperando il tempo. Il vostro parlare sia sempre con grazia, condito con sale, per sapere come dovete rispondere a ciascuno" (Colossesi 4:5,6)

L'espressione "Il vostro parlare sia sempre con grazia" può essere anche tradotta con "Il vostro parlare sia sempre riempito con grazia". Nel Nuovo Testamento la parola grazia viene anche usata per parlare di un atteggiamento che attrae, che dà gioia e piacere. Questo risulta soprattutto dall'uso corretto della nostra lingua:

"Tutti Gli rendevano testimonianza, e si meravigliavano delle parole di grazia che uscivano dalla Sua bocca e dicevano: Non è costui il figlio di Giuseppe ?" (Luca 4:22)

3.C.6 La grazia ci rende capaci di donarci agli altri

"Ora fratelli, vogliamo farvi conoscere la grazia che Dio ha concessa alle chiese di Macedonia" (2 Cor. 8:1).

"Dio è potente da far abbondare su di voi ogni grazia, affinché, avendo sempre in ogni cosa tutto quel che vi è necessario, abbondiate per ogni opera buona" (2 Cor. 9:8)

In 2 Corinzi capitoli 8 e 9, Paolo scrive di una colletta che viene fatta per i credenti poveri a Gerusalemme. In questi capitoli lui usa per ben dieci volte la parola "grazia" ('charis'). Lui la usa come sinonimo per la

2° LEZIONE   CONDIVIDERE LE NOSTRE VITE

liberalità mostrata dai credenti. Questa liberalità è infatti una conseguenza della grazia di Dio nelle loro vite. Se davvero abbiamo capito la grazia di Dio nei nostri confronti, ci sarà più facile distribuirla anche ad altri. La grazia di Dio apre i nostri cuori e le nostre mani, poiché un cuore aperto non può tenere le mani chiuse. Anche se il contesto specifico del brano è un contesto di liberalità finanziaria, la possiamo anche applicare ad altre forme di dare (p.es. il nostro tempo, la nostra energia, il nostro amore, la nostra cura). In virtù dell'abbondante grazia di Dio per noi, possiamo essere generosi in svariate maniere verso gli altri. I credenti sono canali attraverso i quali la grazia di Dio può fluire per soddisfare i bisogni degli altri.

Se ci rendiamo conto dell'importanza della grazia nella Bibbia e nella vita dei primi cristiani, allora non ci stupiremo del fatto che nella chiesa primitiva ci si ricordava reciprocamente, e spesso, della grazia di Dio, come risulta dal saluto *"che la grazia di Dio sia con voi"*, che troviamo in tante epistole neotestamentarie. (Gal. 1:1; Efesini 1:1; 2 Tim. 1:1; 1 Pietro 1:2; 2 Pietro 1:2)

> **Domande per la discussione:**
> Nella parabola del Figlio Prodigo (Luca 15:11-32) Gesù ci dà un'illustrazione meravigliosa della grazia di Dio verso i Suoi figli, ed anche di quanto sia difficile vivere con grazia e mostrare grazia ad altri. Leggete insieme questa parabola e discutete sulle seguenti domande:
>
> 1. In che modo si manifesta la grazia del padre verso il figlio minore e verso il figlio maggiore?
> 2. Da che cosa si capisce che tutti e due i figli fanno fatica a vivere secondo la grazia?
> 3. Il figlio maggiore non era disposto a dimostrare grazia verso il minore. Voi potete comprendere questo atteggiamento (negativo) e lo riconoscete anche nelle vostre vite?

CONDIVIDERE LE NOSTRE VITE — 2° LEZIONE

4 Avvicinarsi ai musulmani con grazia

Abbiamo visto che la grazia è strettamente legata all'essenza di Dio e ai Suoi pensieri ed è per questo che la grazia dovrebbe essere una caratteristica fondamentale del seguace di Gesù. Vogliamo applicare quello che abbiamo imparato al nostro atteggiamento verso i musulmani. Invece della paura, del sospetto, del pregiudizio, dovrebbe essere la grazia a determinare il nostro atteggiamento verso i musulmani.

Steve Bell definisce una risposta piena di grazia, nel seguente modo:

"Una disponibilità a cambiare il nostro modo naturale di aver paura di ciò che è sconosciuto in modo che siamo disposti a dare all'altro il beneficio del dubbio e che siamo disposti a capire il perché l'altro si comporta in un certo modo."[8]

Un atteggiamento di grazia verso i musulmani può essere suddiviso in sei parti:

4.1 Applicare la regola d'oro

Nel sermone sul monte Gesù sprona i Suoi seguaci con le seguenti parole:
"Tutte le cose dunque che voi volete che gli uomini vi facciano, fatele anche voi a loro; perché questa è la legge e i profeti." (Matteo 7:12).

Se desideriamo vivere secondo questa regola nelle interazioni con i musulmani, dovremmo:

1) Giudicare l'Islam equamente

Nel giudizio sull'Islam e dei musulmani applicare lo stesso criterio che applichiamo a noi stessi. Non dobbiamo paragonare il peggio dell'Islam con il meglio del cristianesimo p.es. paragonando la violenza dei Musulmani con le parole di Gesù: "Sono venuto per darvi pace"; o comparando il matrimonio di Maometto con gli insegnamenti biblici sul matrimonio.

---

[8] Steve Bell, *Grace for Muslim? The journey from fear to faith,* (Milton Keynes: Authentic Media, 2006), pagina 1.

2) Essere consapevoli degli errori commessi nel passato dalla cristianità

Quando guardiamo le pagine nere della storia del cristianesimo, le cose che sono state fatte in nome del cristianesimo che vanno contro la verità biblica, allora diventiamo più tolleranti, più compassionevoli verso i Musulmani. Come recita un detto inglese: *"Le persone che vivono in case vetrate, non dovrebbero buttare dei sassi."*

3) Considerare le intenzioni dei musulmani

Quando guardiamo le differenze principali tra musulmani e cristiani, potrebbe essere utile domandarci quali fossero le intenzioni originali e a quali obiettivi mirassero i primi musulmani. P.es. molti musulmani sottolineano che l'intenzione originale di Maometto era quella di migliorare la posizione delle donne, paragonato al modo in cui venivano trattate a quell'epoca. Inoltre, quando parliamo con i musulmani dei nostri paesi, spesso pensiamo di conoscere le loro intenzioni, invece cercare di capire cosa realmente che significato hanno le loro pratiche o la loro scrittura.

4) Stare attenti a parlare usando stereotipi

Gli stereotipi tendono ad inscatolare le persone secondo i nostri preconcetti e finiscono per togliere agli individui la loro unicità. Dovremmo evitare di giudicare male tutta la comunità musulmana per via dell'atteggiamento di una piccola parte di essa.

4.2 Amare il prossimo musulmano come amo me stesso

Il popolo d'Israele ricevette istruzioni da parte di Dio sul come comportarsi verso il prossimo, verso gli stranieri in mezzo a loro e verso i loro nemici. Avevano il compito di amarli come se stessi (Levitico 19:34) e Gesù incoraggia i Suoi seguaci ad amare i loro nemici (Matteo 5:44).

Nelle relazioni con gli stranieri e con i nemici, i Cristiani sono chiamati a rispecchiare l'atteggiamento divino. Questo vuol dire fra le altre cose: non opprimere, maltrattare, cercare invece di capirli (Esodo 22:21, 23:9); siamo chiamati ad essere gentili in caso di difficoltà (Esodo 23:4,5); benedirli, non vendicarsi ma fargli del bene (Romani 12:14-21; Proverbi 25:21, 22).

4.3 Non dare false testimonianze sui musulmani

Uno dei Dieci Comandamenti è quello di non dare falsa testimonianza (Esodo 20:16). Questo implica che dobbiamo cercare di essere il più possibile onesti quando parliamo dei musulmani. A volte la paura ci porta a esagerare nelle nostre affermazioni (si pensi a quando le dieci spie riferivano che " *tutta la gente che vi abbiamo vista, è gente di alta statura"*, Numeri 13:32). Dobbiamo renderci conto che l'Islam è quello che un musulmano dice che è. Dobbiamo star attenti di non interpretare a modo nostro il Corano o tirare fuori i versetti dal loro contesto senza ascoltare quello che i musulmani ci dicono in merito. Dobbiamo imparare ad ascoltare i musulmani e vedere il mondo attraverso i loro occhi.

4.4 Essere disposti a vedere i lati positivi dell'Islam

In Genesi 20:1-18, Abraamo, che pensava che "non c'era nessuno che temesse Dio", scopre che alcune persone al di fuori del popolo d'Israele (p.es. Abimelec, re di Gerar), avevano un reale timore di Dio ed erano persino in grado di ascoltarLo e ubbidirGli.

Un altro aspetto dell'atteggiamento di grazia verso i musulmani è la disponibilità a vedere i lati positivi dell'Islam, di Maometto, della cultura e della storia islamica. Potrebbe essere utile domandarci: Che cosa potremmo imparare dall'Islam e dai musulmani? Si trovano delle eco della grazia divina nell'Islam? Cosa rende l'Islam una religione così attraente per milioni di persone in questo mondo?

4.5 Considerare i musulmani come persone come noi

La grazia di Dio ci rende capaci di considerare i musulmani come esseri umani, con certe credenze, non come rappresentanti di un sistema religioso. E' importante guardare oltre il "velo", e voler conoscere Samira, la madre di famiglia. Che guardiamo oltre il fatto che è "musulmano" e desideriamo conoscere Hassan che è un lavoratore in gamba. Guardare oltre il fatto che Hassan è musulmano e desiderare di conoscere questo lavoratore in gamba. Guardare oltre il fatto che Hossaine e la sua ragazza sono degli emigrati e pensare invece alle loro speranze per il futuro.

2° LEZIONE   CONDIVIDERE LE NOSTRE VITE

Guardare oltre persino alla rabbia mostrata da Samir, terrorista islamico, per cercare di comprendere quali siano le sue paure e frustrazioni.

4.6 Tener presente le promesse di Dio per i musulmani e quello che Lui sta facendo in mezzo a loro

Molti musulmani si considerano discendenti di Abraamo attraverso Ismaele. Sebbene sia difficile dimostrare che questo sia vero per tutti, è però giusto pensare che si possa applicare ad alcuni musulmani di discendenza araba. Secondo Tony Maalouf, nel suo libro Arabs in the Shadow of Israel (Arabi all'ombra di Israele), "antiche fonti mostrano chiaramente il legame fra gli arabi antichi del nord e Ismaele" e "Ismaele era diventato un simbolo di grande importanza per le tribù arabe del nord nel primo secolo d.C."[9]

E' importante renderci conto che Dio ha elargito delle promesse agli antenati dei musulmani. Troviamo le promesse di Dio ad Abramo in merito a Ismaele in Genesi 16 e nei capitoli seguenti. Dio rispose positivamente alla preghiera di Abramo *"Oh, possa almeno Ismaele vivere davanti a Te" (Gen. 17:18)* L'elezione di Isacco (e Israele) non implica che Dio non voglia benedire Ismaele e la sua discendenza con delle benedizioni spirituali e materiali. Dio tratta con misericordia Agar e Ismaele. In Genesi 25:13-18, troviamo una lista di nomi dei figli di Ismaele, come **Chedar** e **Nebajot**.

Nella Bibbia troviamo delle profezie che riguardano delle tribù arabe, discendenti di Ismaele:

"Cantate al Signore un cantico nuovo, cantate le sue lodi all'estremità della terra, o voi che scendete sul mare, e anche gli esseri che esso contiene, le isole e i loro abitanti! Il deserto e le sue città alzino la voce! Alzino la voce i villaggi occupati da **Chedar***! Esultino gli abitanti di Sela, prorompano in grida di gioia dalla vetta dei monti! Diano gloria al Signore, proclamino la sua lode nelle isole!" (Isaia 42:10-12)*

---

[9] Tony Maalouf, Arabs in the Shadow of Israel, (Grand Rapids MI: Kregel Publications, 2003), 45.

CONDIVIDERE LE NOSTRE VITE   2° LEZIONE

*"Una moltitudine di cammelli ti coprirà, dromedari di Madian e di Efa; quelli di Seba verranno tutti, portando oro e incenso, e proclamando le lodi del Signore. Tutte le greggi di **Chedar** si raduneranno presso di te, i montoni di **Nebajot** saranno al tuo servizio; saliranno sul mio altare come offerta gradita, e io onorerò la mia casa gloriosa. Chi mai sono costoro che volano come una nuvola, come colombi verso le loro colombaie?" (Isaia 60: 6-8)*

Secondo diversi padri della chiesa primitiva (p.es. Giustino Martire), è probabile che i Re Magi che venivano dall'Est per adorare il Re dei Giudei, fossero Arabi.

> "I doni presentati al Re dei Giudei da parte dei Magi, rappresentano le fonti della ricchezza araba per eccellenza. Gli Arabi era i maggiori produttori e commercianti di incenso e di oro per secoli prima di Cristo. Donavano ogni anno 30 tonnellate di incenso al re di Persia, come segno della loro lealtà. La profezia di Isaia 60:1-7, predisse la conversione della ricchezza delle nazioni, principalmente degli Arabi, al Messia in Gerusalemme, al sorgere della luce messianica sulla nazione di Israele. Per questo era naturale vedere i Re Magi arabi che offrivano la propria alleanza al Re dei Re."[10]

I Re Magi arabi potrebbero essere la primizia di un raccolto che ha da venire. Dio è all'opera nel mondo Musulmano. I musulmani stanno venendo alla fede in Cristo in tutto il mondo. Dio si rivela a loro con sogni e visioni. La chiesa sta crescendo in diverse parti del mondo Islamico.

Il profeta Isaia profetizzava sul paese, sulla tribù di **Cush**, riguardo a cui molti studiosi moderni ci dicono che si tratterebbe di una tribù araba nel odierno Sudan del Nord. Isaia li chiama "una nazione dall'alta statura e dalla pelle lucida, verso il popolo temuto fin nelle regioni lontane, nazione potente che calpesta tutto, il cui paese è solcato da fiumi!" (Isaia 18:2).

---

[10] Maalouf, 218.

2° LEZIONE   CONDIVIDERE LE NOSTRE VITE

Conclude la sua profezia con una promessa meravigliosa, cioè che queste persone, che incutevano così tanta paura, avrebbero portato offerte al Signore:

"In quel tempo, offerte saranno portate al Signore degli eserciti dalla nazione dall'alta statura e dalla pelle lucida, dal popolo temuto fin nelle regioni lontane, dalla nazione potente che calpesta tutto, il cui paese è solcato da fiumi: saranno portate al luogo dov'è il nome del Signore degli eserciti, sul monte Sion." (Isaia 18:7)

Possiamo credere che coloro che ancora oggi incutono tanta paura nei cuori delle persone, come (ad esempio) i musulmani estremisti, porteranno un giorno al nostro Dio rispetto e riverenza?

Compiti per casa

1. Leggete la parabola del Figliol prodigo (Luca 15:11-32) diverse volte prima della prossima lezione. A quale dei tre personaggi (padre, figlio minore, o fratello maggiore) di riconosci di più? Come viene ricevuta e offerta la grazia da ognuno di loro e in quale aspetto devi crescere di più per assomigliare al padre, in modo particolare per quanto riguarda estendere la grazia agli altri?

2. Pregate questa settimana regolarmente la preghiera di Francesco d'Assisi ricordandovi dei musulmani.

*O Signore, fa' di me uno strumento della Tua Pace.
Dove è odio, io porti Amore,
dove è offesa, io porti Perdono,
dove è discordia, io porti Unione,
dove è dubbio, io porti Fede,
dove è errore, io porti Verità,
dove è disperazione, io porti Speranza,
dove è tristezza, io porti Gioia,
dove sono tenebre, io porti Luce.*

CONDIVIDERE LE NOSTRE VITE   2° LEZIONE

> *O Maestro, fa' che io non cerchi tanto*
> *di essere consolato, quanto di consolare;*
> *non di essere compreso, quanto di comprendere;*
> *non di essere amato, quanto di amare.*
>
> *Poiché dando si riceve,*
> *perdonando si è perdonati,*
> *morendo si risuscita alla Vita Eterna. Amen*

Contesto di Francesco d'Assisi

Francesco d'Assisi (1182-1226) era un frate cattolico italiano e predicatore. Fu lui che fondò l'ordine francescano. Quando i crociati andarono in Medio Oriente a combattere i musulmani con delle armi, Francesco visitava diverse terre del Medio Oriente come un Apostolo di grazia. Predicò il Vangelo al Sultano, il generale dell'esercito musulmano. Steve Bell descrive Francesco come "un cristiano che sapeva bilanciare il realismo politico con un atteggiamento di grazia verso i Musulmani."[11]

Christine A. Mallouhi nel suo libro Waging Peace on Islam, (Fare pace con l'Islam), considera Francesco come un modello di come avere contatto con i musulmani in un tempo di reciproca animosità. "Quando la preghiera di Francesco d'Assisi riceve risposta attraverso di noi, siamo allora in grado di 'soffrire ogni cosa, credere ogni cosa, sperare ogni cosa e sopportare ogni cosa' (1 Cor. 13:7). Questa è una risposta biblica piuttosto che una reazione umana all'Islam."[12]

---

[11] Steve Bell, Grace for Muslims?, 5.
[12] Steve Bell, Grace for Muslims?, 7.

3° LEZIONE
COMPRENDERE I MUSULMANI

Obiettivo: imparare a conoscere diversi aspetti chiave della fede e delle usanze dell'Islam

1   Introduzione

Ora che abbiamo parlato dell'atteggiamento che siamo chiamati ad avere verso i musulmani, un atteggiamento di grazia, siamo in grado di conoscere meglio gli sfondi e gli insegnamenti dell'Islam. Come abbiamo potuto vedere nella lezione precedente, una delle caratteristiche dell'atteggiamento di grazia che impariamo è di cercare di vedere l'Islam attraverso gli occhiali dei musulmani. E' per questo motivo che per creare questa lezione abbiamo utilizzato informazioni tratte da fonti islamiche[13] Inoltre il contenuto di questa lezione è stata discussa con un imam, ovvero un conduttore islamico.

2   Giona nell'Islam[14]

Nelle lezioni precedenti abbiamo riflettuto sul profeta Giona nella Bibbia. In questa lezione vogliamo soffermarci cosa ci insegna l'Islam su Giona. Secondo le tradizioni islamiche la tomba del profeta Giona (che in lingua araba si chiama "nabi Yunus") dovrebbe trovarsi nell' odierno Mosul, 400 km da Bagdad in Iraq. Nella cosiddetta "moschea Yunus" si trova la tomba di Giona, addobbata con ossa di balena.[15]

A   Riferimenti a Giona nel Corano

Troviamo il nome e/o il racconto di Giona nei seguenti testi coranici:

Sura (capitolo) 4:163; Sura 10:98-100; Sura 21:87; Sura 37:139-148; Sura 68: 48-50.

---

[13] P.es. *Islam: A brief Guide*, The Muslim Educational Trust, UK.
[14] Tratto da: http://www.angelfire.com/on/ummiby1/jonah.html e http://etext.virginia.edu/journals/ssr/issues/volume3/number1/ssr03-01-e02.html
[15] La Moschea é stata bombardata e distrutta nel Luglio 2014 da estremisti musulmani dell'Isis.

CONDIVIDERE LE NOSTRE VITE   3° LEZIONE

La Sura 10 porta il suo nome "Yunus" ed è chiamato secondo Giona. Nella Sura 21:87-90 Giona viene chiamato "l'uomo del pesce" e nella Sura 68: 48-50 è chiamato "l'uomo dentro la balena."

"Sopporta dunque con pazienza il Decreto del tuo Signore e non essere come l'uomo della balena, che invocò al colmo dell'angoscia. Se una grazia del tuo Signore non lo avesse toccato, sarebbe stato gettato sulla riva deserta, reietto. Poi il suo Signore lo scelse e ne fece uno dei giusti." (Sura 68:48-50)

"E l'uomo del pesce, quando se ne andò irritato. Pensava che non lo mettessero alla prova. Poi implorò così nelle tenebre: 'Non c'è altro dio all'infuori di Te! Gloria a Te! Io sono stato un ingiusto!' Gli rispondemmo e lo salvammo dalla disperazione. Così salviamo coloro che credono." (Sura 21:87,88)

"In verità Giona era uno degli inviati. Fuggì sulla nave stipata. Quando tirarono a sorte, fu colui che doveva essere gettato (in mare). Lo inghiottì un pesce, mentre si rammaricava. Se non fosse stato uno di coloro che glorificavano Allah, sarebbe rimasto nel suo ventre fino al Giorno della Resurrezione. Lo gettammo sofferente sulla nuda riva e facemmo crescere su di lui una pianta di zucca. Lo inviammo a centomila (uomini), o ancor di più. Credettero e concedemmo loro temporaneo godimento." (Sura 37:139-148).

"Ci fosse stata almeno una città credente, cui fosse stata utile la sua fede, a parte il popolo di Giona. Quando ebbero creduto allontanammo da loro il castigo ignominioso in questa vita e li lasciammo godere per qualche tempo. Se il tuo Signore volesse, tutti coloro che sono sulla terra crederebbero. Sta a te costringerli ad essere credenti? Nessuno può credere, se Allah non lo permette. Egli destina all'abominio coloro che non ragionano." (Sura 10:98-100)

B Riassunto degli insegnamenti islamici su Giona

Secondo questi versetti coranici e le Tradizioni (il cosiddetto Hadith, ovvero Tradizioni orali su ciò che Maometto ha detto o fatto) possiamo così riassumere ciò che l'Islam insegna su Giona:

Giona era un profeta che fu mandato da Dio per recarsi al suo popolo a Ninive per ammonirli e portarli alla conversione dal politeismo all'adorazione dell'unico Dio (Allah) Al popolo non piacque l'interferenza di Giona nel loro modo di adorare, così si misero a discutere: "Noi e i nostri padri abbiamo adorato questi dei per molti anni e nessun male ci è piombato addosso." Per quanto egli cercasse di convincerli della loro pazzia dell'idolatria e della bontà delle leggi di Allah, Giona fu ignorato. Egli li avvertì che se avessero continuato con la loro pazzia, il castigo di Allah sarebbe presto arrivato. Invece di temere Allah, dissero a Giona che non avevano paura delle sue minacce. Giona si scoraggiò e lasciò Ninive, temendo che sarebbe presto giunto il giudizio di Allah. Appena Giona era partito, il cielo si fece rosso come il fuoco. La gente di Ninive si impaurì a quella vista. Si ricordarono della distruzione del popolo al tempo di Noè. Si recarono sul monte e invocarono Allah e la sua grazia e il suo perdono. L'ira di Allah si placò ed Egli riversò le sue benedizioni su di loro ancora una volta. Quando la minaccia della tempesta cessò, pregarono e chiesero che Giona ritornasse così che potesse guidare il popolo.[16]

Nel frattempo Giona era a bordo di una nave. Tutto il giorno navigò in acque calme. Ma quando scese la notte, il mare cambiò improvvisamente. Una tempesta terribile si scatenò e sembrava che avrebbe fatto a pezzi la nave. Il comandante ordinò all'equipaggio di alleggerire il carico. Si buttarono nel mare tutte le merci ma non servì a nulla. Alla fine decisero di buttare qualcuno a mare. Il Capitano della nave disse che avrebbero tirato a sorte per vedere chi doveva essere gettato e la

---

[16] Secondo Razi nel suo commentario al Corano, era il giorno di Asjurah (digiuno) che il popolo di Ninive si convertì. (Nella sinagoga ebrea nel giorno del digiuno il nono giorno del mese di Av, Tisja Ba'av, durante le preghiere del pomeriggio, le letture sono tratte dal libro di Giona).

sorte cadde su Giona. Ma i marinai sapevano che Giona era la persona più onorevole di tutto loro, e non volevano gettarlo in mare. Tirarono a sorte due perfino, tre volte ma ogni volta la sorte cadeva su Giona alla fine fu gettato in mare e una grande balena lo inghiottì. Tre tenebre lo avvolsero, una sopra l'altra: le tenebre dello stomaco della balena, le tenebre del fondo del mare, e le tenebre della notte. Dentro il pesce Giona pregò Allah. Allah vide il pentimento sincero di Giona e udì la sua preghiera mentre si trovava nello stomaco della balena fece sputare Giona dal pesce su un'isola disabitata, malato e indebolito. Giona sopportò il dolore e continuò a ripetere la sua invocazione ad Allah. Allah fece crescere una vite su di lui per proteggerlo. Alla fine Dio perdonò e guarì Giona. Lui tornò alla città di Ninivè e tutta la popolazione gli diede il benvenuto. Gli raccontarono della loro conversione a Dio ed insieme ringraziarono l'Iddio Misericordioso.

C Giona nella vita dei musulmani di oggi

Per i musulmani di oggi Giona viene visto come una persona con cui identificarsi, come risulta dai seguenti esempi:

- a. Su internet uno studente scrisse "Se volete superare l'esame o qualcos'altro, leggete la preghiera di Giona quando fu nel pesce."
- b. Alla domanda rivolta a un imam virtuale se è giusto che due ragazze musulmane vanno via da casa, lui vadano rispose: "Il tema 'scappare da casa' viene trattato anche nel Corano. Anche il profeta Yunus cercò di scappare da casa (in questo caso dal territorio dove lo aveva mandato Allah). Come punizione l'Onnipotente fece mangiare Giona dal pesce e rimase 40 giorni nella sua pancia. Fu perdonato dall'Onnipotente e ottenne una seconda vita."
- c. In un sermone di un Imam, Giona viene utilizzato come esempio di qualcuno che pur vivendo nelle tenebre più fitte, era disposto a sottomettersi (che è il significato della parola "Islam" in arabo) a Dio.

3° LEZIONE CONDIVIDERE LE NOSTRE VITE

> **Domande di discussione:**
> 1. Cosa vi colpisce paragonando la storia biblica di Giona con quella del Corano e delle Tradizioni islamiche?
> 2. Come spiegate le somiglianze e le differenze?

Gli aspetti particolari dell'Islam

1   L'origine dell'Islam

Nonostante l'Islam sia iniziato come religione indipendente nel 6° secolo dopo Cristo, secondo i musulmani l'origine dell'Islam va indietro molto tempo addietro. Nella Sura 3:67 leggiamo: *"Abramo non era né giudeo né nazareno, ma puro credente e musulmano."*

La parola "musulmano" significa "arresa" o "sottomissione" a Dio e un musulmano è qualcuno che "si arrende o si sottomette a Dio". Ecco perché Abramo viene considerato come capostipite dei musulmani e molti musulmani sono convinti di essere i discendenti di Abramo attraverso Ismaele. La figura di Ismaele ha un ruolo fondamentale nella tradizione islamica.

2   La persona di Maometto

Maometto nacque nel 517 dopo Cristo a Mecca (Arabia Saudita). Suo padre morì prima della sua nascita e sua madre morì quando lui avevasei anni. All'età di 25 anni si sposò con la vedova Khadija. All'età di 40 anni ricevette, sempre secondo i musulmani, delle rivelazioni da parte di Dio (Allah). Lui era convinto di essere il discendente dei profeti come Mosè, Davide e Gesù e che lui sarebbe stato l'ultimo profeta che avrebbe, come i profeti antecedenti, convocato la gente ad adorare il vero Dio. Gli abitanti della Mecca erano abituati ad adorare molti dèi. Maometto li invitò a convertirsi all'Islam (inteso come sottomissione a Dio). Alcuni diedero ascolto e diventarono musulmani (coloro che si sottomettono a Dio), mentre altri lo rifiutarono. In seguito ci furono molti seguaci. Nella fase iniziale, Maometto e i suoi seguaci

CONDIVIDERE LE NOSTRE VITE   3° LEZIONE

subirono molta opposizione da parte degli abitanti della Mecca. Dopo 12 anni (cioè nel 622) Maometto e i suoi seguaci si trasferirono nella città Yathrib, che più tardi divenne Medina (ovvero la città del profeta). A Medina, Maometto e i suoi seguaci furono accolti bene e poco tempo dopo Maometto divenne non solo il leader spirituale ma anche il leader politico della città. E così fondò il primo stato islamico. Il fatto che con questo trasferimento ebbe inizio l'era islamica significa che esso fu un avvenimento molto importante nella storia dell'Islam. Negli anni seguenti il numero dei seguaci crebbe notevolmente. Maometto, che nel Corano viene descritto come "una benedizione per l'umanità" (21:107) e "un esempio eccellente da seguire" (33:21), morì nel 632 all'età di 63 anni. Dopo la sua morte le rivelazioni che Maometto aveva ricevute, vennero raccolte in un libro, il Corano. Anche i suoi oracoli ed esempi furono raccolti in una serie di libri, chiamata la Sunnah.

3   L'espansione dell'Islam

Quando Maometto morì nel 632 i musulmani abitavano prevalentemente nell'Arabia Saudita ma durante gli anni seguenti, l'Islam si espanse verso il nord (Siria e Giordania), verso l'est (Iran e Iraq) e verso l'ovest (Egitto e Algeria) e verso l'anno 750 tutto il nord Africa, e perfino la Spagna, erano sotto il governo islamico. Verso il 1500 altre zone dell'Africa e dell'Asia divennero islamiche e anche l'Indonesia entrò a far parte del mondo musulmano. Nel 14° secolo nacque il Regno Ottomano. Questo Regno, nato in Turchia, ebbe grande influenza nel Medio Oriente e nell'Europa Centrale e contribuì in modo consistente all'esistenza dell'Islam nel Europa Centrale e Orientale come l'Albania e la Bosnia.

Attualmente l'Islam è religione predominante in circa 40 nazioni. Gli Arabi costituiscono il 20% circa di tutti i musulmani, poi ci sono molti musulmani nell'Indonesia (196 milioni), Pakistan (166 milioni), Bangladesh (150 milioni), India (150 milioni), Nigeria (70 milioni), Turchia (70 milioni), Iran (68 milioni). In Europa (inclusa la Russia) dimorano più di 50 milioni di musulmani.

3° LEZIONE CONDIVIDERE LE NOSTRE VITE

4 Quello in cui credono i musulmani

Le dottrine della fede nell'Islam spesso contengono sei punti:

1) Allah (Dio)
2) Angeli
3) I libri di Dio
4) I profeti
5) L'Ultimo Giorno
6) La Predestinazione

Cinque di questi sono menzionati nella Sura 2:177 *"…Coloro che sono veramente buoni, sono coloro che credono in Dio e nell'Ultimo Giorno, negli Angeli, nelle Scritture e nei Profeti…"*

L'Islam conosce tre dogmi principali:

a) <u>Tawhid</u> – ovvero l'unità di Dio
b) <u>Risalah</u> – il mandato dei profeti
c) <u>Akhirah</u> – la vita dopo la morte

a Tawhid

Il Tawhid (l'unità di Dio) è il dogma più importante dell'Islam. I musulmani credono che tutto quello che esiste è dovuto grazie a uno e unico Creatore, che è Padrone, fonte e guida di tutto il creato. Questo concetto determina tutti gli aspetti della vita del musulmano. Il riconoscimento di questa verità porta all'unità nella vita, una vita in cui si rifiuta la divisione tra religioso e secolare. Dio (Allah) è l'unica fonte di potere e di autorità e deve essere adorato e ubbidito. Dio non ha Compagni *Tawhid é monoteismo puro.* Allah non è nato e non ha né figlio né figlia. Gli uomini sono i Suoi sudditi. Lui è l'Unico, Lui è l'Eterno, il Primo e l'Ultimo, e non c'è nessuno come Lui. La credenza nel Tawhid è centrale nella vita di un musulmano praticante e lui s'impegna ad ubbidire alle leggi di Dio durante tutta la sua vita con la speranza di guadagnare la benevolenza di Allah.

CONDIVIDERE LE NOSTRE VITE   3° LEZIONE

b   Risalah

Risalah sta a significare il "mandato dei profeti" o "dei messaggeri". I musulmani credono che Allah non abbia lasciato l'uomo senza guida. Dalla creazione del primo uomo, Allah ha rivelato la Sua guida all'umanità tramite i Suoi profeti che ricevevano messaggi da parte di Allah e questi uomini vengono definiti "messaggeri". Tutti i profeti e messaggeri venivano con lo stesso messaggio: esortavano gli uomini dell'epoca in cui vivevano ad ubbidire e ad adorare solo Dio. Ogni volta che le parole di un profeta venivano modificate o non prese in considerazione, Dio mandava un altro profeta per riportarli sulla retta via. La catena del Risalah inizia con Adamo e prosegue tramite Noè, Abramo, Ismaele, Isacco, Lot, Giacobbe, Giuseppe, Mosè, Davide e Gesù e termina con Maometto, considerato dai musulmani come l'ultimo messaggero divino per tutta l'umanità. I libri che contengono la rivelazione da Allah sono: a) La Torah (Tawrah); b) I Salmi (Zabur); c) Il Vangelo (l'Injil); d) Il Corano. Il Corano, che è stato rivelato al Profeta Maometto, viene considerato dai musulmani come l'ultimo libro da ispirato Dio.

c   Akhirah

Akhirah significa "vita dopo la morte". La credenza nell'"Akhirah" ha grande influenza sulla vita di un musulmano. I musulmani credono che ogni uomo dovrà rispondere un giorno davanti ad Allah. Nel Giorno del Giudizio ogni uomo sarà giudicato a seconda di come ha vissuto sulla terra.

Chi ha ubbidito e adorato Dio avrà un posto nel Paradiso, chi invece non l'ha fatto andrà all'inferno, un luogo di punizione e di dolori. Dio conosce a fondo tutti i pensieri e le motivazioni; gli angeli registrano tutte le azioni degli uomini. I musulmani vengono spronati a tener sempre presente il fatto che un giorno saranno giudicati secondo la loro condotta, questo affinché vivano il più possibile secondo la volontà di Dio. I musulmani credono che tanti problemi di oggi scomparirebbero se fossimo sempre consapevoli di questa realtà e se ci comportassimo di conseguenza.

3° LEZIONE — CONDIVIDERE LE NOSTRE VITE

5 I doveri spirituali principali per un musulmano

L'Islam conosce cinque doveri spirituali importanti, spesso chiamati pilastri o colonne dell'Islam. I musulmani credono che quando vengono adempiuti regolarmente, correttamente e sinceramente, questi trasformano la vita di un musulmano, portandolo in sintonia con i desideri del Creatore. La pratica fedele di questi obblighi, dovrebbe ispirare ogni musulmano ad adoperarsi per la giustizia, l'uguaglianza e la parità nella società e l'eliminazione dell'ingiustizia, della falsità e del male.

a Shadadah (confessione di fede)

Shahadah é la dichiarazione cosciente e volontaria di: *La ilaha illallahu Muhammadur rasulullah* che vuol dire: *"Non c'è Dio al di fuori di Allah. Maometto è il messaggero di Allah."* Questa dichiarazione contiene i due concetti base del Tawhid e del Risalah. Questa confessione è la base di tutte le opere considerate valide nell'Islam.

b Salah (preghiera obbligatoria)

I musulmani devono pronunciare cinque volte al giorno una preghiera rituale sia assieme ad altri (nella moschea o altrove) sia individualmente. È una dimostrazione pratica della fede e aiuta il musulmano ad essere in contatto costante con il suo Creatore. Secondo i musulmani, i benefici della Salah sono ampi, duraturi ed incommensurabili. La Salah prepara i musulmani ad adoperarsi per l'insediamento del vero ordine in società, e per lo sradicamento della falsità, del male e dell'indecenza. Sviluppa l'autodisciplina, la fermezza e l'obbedienza alla Verità, e conduce alla pazienza, onestà e trasparenza negli affari della vita.

Le cinque preghiere giornaliere sono: Fajr tra l'alba e il sorgere del sole; Zuhr fra mezzogiorno e metà pomeriggio; 'Asr fra metà pomeriggio e il tramonto; Maghrib subito dopo il tramonto; 'Isha fra la notte e l'alba. I musulmani credono che compiuta cinque volte al giorno, la Salah permette di migliorare la propria vita. Un'organizzazione islami-

CONDIVIDERE LE NOSTRE VITE   3° LEZIONE

ca ha descritto la preghiera usando le seguenti parole: "un sistema di esercizio spirituale, morale e fisico che rende un musulmano davvero ubbidiente al Suo Creatore."

c **Zakah** (elemosina)

Lo Zakah è un contributo annuale obbligatorio dei propri risparmi. Zakah, che significa letteralmente "purificazione", è un contributo del valore di 2,5% del denaro, dei gioielli che uno possiede o di metalli preziosi. Per quanto riguarda gli animali, le coltivazioni e i minerali, vale un'altra percentuale. Il contributo dello Zakah può essere utilizzato soltanto per i seguenti scopi: la cura dei poveri, l'aiuto agli handicappati, agli oppressi, alle persone che si sono indebitate, e per altri scopi nobili che vengono descritti nel Corano e nel Sunnah. Lo Zakah è considerato un atto di adorazione. È considerato uno dei valori fondamentali dell'economia islamica, che garantisce una società equa nella quale ognuno ha il diritto di contribuire e condividere. Lo Zakah viene considerato come un servizio d'onore per esprimere il fatto che la propria ricchezza e il possesso appartengono in realtà a Dio e che un musulmano ne è soltanto l'amministratore.

d **Sawm** (digiuno obbligatorio)

Il Sawm è un digiuno annuale obbligatorio nel mese di Ramadan, il 9° mese del calendario islamico. Dal levar del sole al tramonto un musulmano dovrebbe astenersi dal mangiare, bere, fumare, e dai rapporti sessuali, ricercando solo il piacere di Allah. Secondo i musulmani il Sawm sviluppa le qualità morali e spirituali del credente, e lo preserva dall'egoismo, dall'avarizia, dalla stravaganza e da altri vizi. Una delle organizzazioni islamiche descrive il "Sawm" come *un programma annuale di allenamento per aiutare il musulmano nella sua determinazione a mantenere i suoi voti ed obblighi verso il Creatore e Mantenitore.*

e **Hajj** (pellegrinaggio verso la casa di Allah)

Hajj è un avvenimento annuale che ogni musulmano dovrebbe intraprendere almeno una volta durante l'arco della sua vita. E' un pellegrinaggio verso la Ka'aba a Mecca nel 12° mese del calendario islamico. L'"Hajj" simboleggia per il musulmano l'unità dell'umanità. I musulmani di qualsiasi razza e nazionalità si uniscono come un sol uomo vestiti in veste bianca per adorare Allah. Secondo i musulmani, il pellegrino, nel suo abito rituale del Ihram, ha l'esperienza unica di stare alla presenza del suo Creatore a cui appartiene e a cui tornerà dopo la morte.

6 Fonti autorevoli nell'Islam

Le due principali fonti autorevoli su cui sono basate la dottrina e la vita dei musulmani sono: a) il Corano; b) la Sunna.

a Il Corano

Il Corano è il libro sacro dei musulmani e secondo le loro convinzioni esso è l'ultimo libro di Dio (Allah) per dare una guida all'umanità. I musulmani credono che il Corano sia stato rivelato a Maometto per mezzo dell'angelo Gabriele nell'arco di 23 anni. Ogni parola è stata ispirata da Dio. Il Corano consiste in 114 capitoli (sura) e 6000 versetti. I musulmani imparano i versetti coranici a memoria e ci sono dei musulmani che hanno memorizzato tutto il Corano. Ai musulmani è richiesto di fare del loro meglio per comprendere il Corano e mettere in pratica i suoi insegnamenti. I musulmani credono che il contenuto e la trasmissione dei suoi contenuti, non ha uguali. I suoi insegnamenti coprono tutti gli aspetti di questa vita e della vita dopo la morte. Contiene principi, dottrine e direzioni per ogni sfera dell'attività umana. Il tema del Corano si può suddividere in tre aspetti principali: Tawhid, Risalah e Akhirah. Secondo i musulmani, il successo degli esseri umani su questa Terra e nella vita dopo la morte, dipende dal credere, e dall'ubbidire agli insegnamenti del Corano.

b La Sunna

La Sunna è l'esempio della vita di Maometto. La Sunna la troviamo nelle cosiddette Hadith (trasmissione orale). Le Hadith sono raccolte di azioni e espressioni di Maometto e fanno capire come lui interpretava e applicava le parole del Corano. Queste raccolte furono redatte dopo la sua morte. Ci sono molte raccolte esistenti ma solo sei di esse vengono considerate autorevoli ed autentiche, cioè le raccolte di Bukhari, Muslim, Tirmidhi, Abu Dawud, Nasa'i e Ibn Majah. Nelle Hadith si trattano temi come gli orari e le caratteristiche della preghiera islamica, i rituali per le feste, come fare commercio secondo il metodo islamico, temi circa l'eredità e i giuramenti, come comportarsi con gli apostati dall'Islam ecc.

c **Scuole di legge coraniche (Sharia)**

Nell'Islam sunnita ci sono quattro scuole di legge:
1) la scuola Hanifi (prevalentemente in Turchia, nei paesi balcanici, nell'Asia centrale, in India, Pakistan, Bangladesh);
2) la scuola Maliki (soprattutto in Nord Africa);
3) la scuola Shafi'i (soprattutto in Yemen, Siria, Asia sud-est e Africa dell'est;
4) la scuola Hanbali (soprattutto nell'Arabia Saudita).

Le differenze fra queste scuole, non risiedono nei principi fondamentali della Fede islamica, ma in giudizi secondari. Le scuole si distinguono l'una dall'altra nei differenti valori che attribuiscono a:
a) le prescrizioni nel Corano;
b) la Sunna;
c) il consenso dei dottori di legge;
d) le affinità con le situazioni nei tempi di Maometto;
e) la razionalità.

Sharia è una parola araba che significa "strada verso un'oasi o un pozzo" che è una metafora per la salvezza. La Sharia costituisce il codice di condotta islamico e deriva da quattro fonti:
a) i precetti stabiliti nel Corano;
b) l'esempio dato da Maometto nella Sunnah;
c) il consenso degli studiosi religiosi;
d) un'opinione condivisa dagli studiosi, basata su un'analogia tratta dal Corano e dalla Sunnah.

3° LEZIONE CONDIVIDERE LE NOSTRE VITE

I musulmani hanno opinioni differenti per quanto riguarda le applicazioni pratiche della Sharia. Queste differenze dipendono dal fatto di essere un modernista, un tradizionalista, un fondamentalista o un aderente ad una delle varie scuole di pensiero islamiche. L'interpretazione della Sharia dipende anche dal paese e dalla cultura di appartenenza.

La Sharia contiene norme religiose e non. Affronta molti argomenti trattati dalla normativa secolare come la politica, i crimini e l'economia, così come aspetti personali come la sessualità, l'igiene, la dieta, la preghiera e il digiuno. Il fatto che molti musulmani oggi vivono in paesi non islamici, presenta una nuova situazione per la legge islamica. Fra gli studiosi della comunità islamica in Europa, si discute molto su come armonizzare le esigenze della Sharia con il sistema legale europeo.

7   Differenti gruppi all'interno dell'Islam

Il numero dei musulmani nel mondo viene stimato su 1.5 miliardi di persone. All'interno dell'Islam possiamo distinguere varie correnti.

Le correnti principali sono due: i sunniti e gli sciiti. Circa 80% dei musulmani sono sunniti. Il secondo gruppo (circa 15%) sono i cosiddetti sciiti. Gli sciiti si trovano soprattutto in Iran e Iraq, ma anche in tanti altri paesi. Una differenza importante rispetto ai sunniti è che gli sciiti considerano Ali, il genero di Maometto, e i suoi seguaci come legittimi eredi della guida politica e religiosa. Inoltre credono nell'imam infallibile, una specie d'incarnazione divina che possiede delle conoscenze sovrannaturali. Loro aspettano il ritorno del 12° imam che sparì nel 869 per effettuare il dominio sul mondo dell'Islam.

Al di fuori di queste correnti principali esistono tanti altri gruppi all'interno dell'Islam , inclusi i Kharijites, i Murji'ites, i Mu'tazilites, gli Isma'ili e i Druze. Alcuni gruppi non sono considerati dei veri musulmani dagli altri. Eccone soltanto alcuni:

CONDIVIDERE LE NOSTRE VITE 3° LEZIONE

A La comunità islamica Ahmadiyya

La comunità islamica Ahmadiyya (AMC) è un movimento dinamico di risveglio internazionale in rapida espansione all'interno all'Islam è nata in Pakistan e ha attualmente la sua sede centrale in Inghilterra. Questo movimento è stato fondato nel 1889 secolo da Mirza Ghulam Ahmad Qadiami (1835-1908). Mirza Ahmad affermò di aver ricevuto delle rivelazioni divine ed è considerato il Messiah promesso. Ahmad affermava di impersonare la seconda venuta metaforica di Gesù di Nazareth e di essere la guida divina la cui venuta era stata preannunciata da Maometto. Gli adepti dell'AMC credono che Dio abbia inviato Ahmad, come Gesù, per porre fine alle guerre di religione, per condannare gli spargimenti di sangue e per ricostituire la moralità, la giustizia e la pace. Secondo i suoi seguaci, Ahmad ha svestito l'islam delle sue pratiche e convinzioni fanatiche attraverso la divulgazione degli insegnamenti veri ed essenziali dell'Islam. La Comunità Islamica Ahmadiyya riconosce gli insegnamenti di Zoroastro, Abraamo, Mosè, Gesù, Krishna, Buddha, Confucio, Lao Tzu e Guru Nanak, e crede che i loro insegnamenti convergono verso l'unico e vero Islam. L'AMC, ha la sua sede nel Regno Unito e afferma di avere decine di milioni di adepti.

B I Bahai

I Bahai nacquero nel 1844 nell'attuale Iran quando il loro profeta Ali Muhammad (detto Bahaullah), prendendo spunto da una tradizione religiosa diffusa tra gli sciiti, annunciò di essere "La Porta" (Bab). I Bahai credono nell'unità di Dio e dell'umanità, nell'uguaglianza tra uomo e donna, nell'armonia tra religione e scienza e nella ricerca indipendente della verità. Loro considerano Maometto non come l'ultimo e il più grande profeta ma come uno fra i tanti. Inoltre, non riconoscono il Corano come l'ultima rivelazione ma come equivalente ad altri libri come gli scritti di Bahaullah. Si stima che ci sono circa 7 milioni di adepti nel mondo. I Bahai vengono considerati come dei musulmani apostati e vengono perseguitati in alcuni paesi islamici.

C Il movimento Salafita (Wahhabismo)

Questo movimento islamico sunnita fa riferimento ai "patriarchi rispettabili" – le prime tre generazioni di musulmani dopo la morte di Maometto. Il movimento Salafi fu fondato da Muhammed ibn "Abd al-Wahhad" (1703-1787) nell'Arabia Saudita ed è per questo motivo che è conosciuto come "Wahhabismo", anche se molti adepti affermano che il movimento sia stato fondato dallo stesso Maometto. Il movimento Salafi è basato su una tradizione coranica puritana. Si basa su un'interpretazione letterale del Corano che rigetta tutto ciò che non è basato sulle fonti originali dell'Islam. Il movimento Salafi ha una grande influenza nell'Arabia Saudita e tenta, grazie alle sue ricchezze ed influenze, di far valere i suoi concetti anche in altre nazioni al di fuori dell'Arabia Saudita.

D Sufismo

Il sufismo è una corrente mistica nell'Islam che ha la sua origine nell'Islam primordiale. Gli adepti si chiamano "sufi". La parola "Sufi" probabilmente deriva dall'arabo "suf" che significa *lana*. I primi sufi portavano vestiti di lana grezza imitando così i primi musulmani asceti che indossavano questi vestiti semplici. Altri pensano che potrebbe anche far riferimento alla parola "safa'" (purezza) il che spiegherebbe perché i sufi mettono enfasi sulla purezza del cuore e dell'anima. Nonostante il fatto che credano nel Corano e nel Sunna i sufi mettono più enfasi sulla vita interiore, sul raggiungimento della presenza di Dio, piuttosto che sull'ubbidienza esteriore ai doveri religiosi. Secondo il sufismo la base della religione è l'amore per Dio. Dobbiamo amare Dio per quello che Egli è e non per ricevere un premio o per paura di una punizione. Fra i Sufi Dio viene invocato come l'Amore Eterno. Molti Sufi ricercano una unione mistica o una comunicazione diretta con Dio attraverso la danza e la musica, la ripetizione di versetti coranici e poesie islamiche, attraverso i quali ricercano una stato di estasi.

CONDIVIDERE LE NOSTRE VITE 3° LEZIONE

E   Gli Alevi

Circa 15 milioni di Musulmani sono Alevi. Sono presenti principalmente in Turchia, e in numero minore in Siria, Iran e Iraq. È difficile stabilire con precisione quali siano le loro credenze e le pratiche religiose, a causa di un'enorme variabilità fra coloro che si definiscono Alevi. Ci sono molte somiglianze fra gli Alevi e i Bektashis dei Balcani.

Gli Alevi sono seguaci di Ali (genero di Maometto) che ritengono essere il successore di Maometto. Molti Alevi considerano di uguale importanza Maometto ed Alì e usano il nome unico di Maometto Alì per questa personalità. Alcuni affermano che l'Alevismo é un insieme dei migliori elementi dell'Islam, del Cristianesimo, dell'Ebraismo, del Manicheismo, dello Zoroastrismo, dello Sciamanismo, e dell'Umanesimo del ventesimo secolo. Quasi tutti gli Alevi negano il fatto che Dio sia colui che ricompensa coloro che seguono le sue regole con piaceri eterni in cielo.

Gli Alevi interpretano il Corano in maniera esoterica, internamente o in maniera mistica. Secondo loro, esistono verità molto più profonde nel Corano, delle regole che emergono dalla superficie letterale dello scritto. Oltre ai libri, probabilmente le fonti più importanti delle credenze e del pensiero degli Alevi sono le poesie mistiche e le ballate musicali che sono state tramandate per generazioni, quasi tutte per via orale. Queste poesie e ballate sono utilizzate durante gli incontri religiosi per aiutare gli adepti ad entrare in una relazione più intima con il capo spirituale e con Dio. Gli incontri religiosi si svolgono con il leader che recita preghiere, da brevi messaggi religiosi, canta delle ballate e guida la congregazione nel canto. Un altro elemento peculiare è la danza rituale in cerchio eseguita da uomini e donne selezionati, in gruppi di varie dimensioni. L'incontro è svolto interamente in turco, incluse le preghiere e i canti.

Gli Alevi rifiutano l'idea di un Dio severo che giudica l'uomo sulla base di come ha svolto i suoi obblighi religiosi sulla terra. Gli Alevi non pregano cinque volte al giorno, né osservano il digiuno del Ramadan. Al contrario osservano un digiuno di 12 giorni durante il primo mese del calendario Islamico. Il pellegrinaggio alla Mecca non è praticato dagli Alevi. al contrario, è frequente il pellegrinaggio e le preghiere presso le tombe dei santi Alevi-Bektashi. Le donne Alevi partecipano alle cerimonie religiose insieme agli uomini e sono libere di vestirsi con abiti moderni.

F L'Islam popolare

Anche se non si tratta di una corrente vera e propria, non possiamo tralasciare di menzionarla in questa sede. Nella vita quotidiana di molti musulmani, concetti ortodossi, concetti che abbiamo già considerato durante questo corso, sono spesso affiancati da usanze che probabilmente hanno le loro origini in pratiche preislamiche. Pensiamo ad esempio a rituali che riguardano la nascita, la pubertà, il matrimonio, i funerali ecc. Quando parliamo di "islam popolare" facciamo riferimento anche ad usanze come riti per essere protetti dagli incidenti (molti musulmani fanno riferimento al malocchio). In caso di infertilità spesso si invoca l'aiuto di persone morte considerate come "santi". Anche i sogni, i presagi, la proclamazione di benedizioni o maledizioni hanno una grande influenza nella vita di molti musulmani e sono tutti elementi che appartengono alla grande categoria dell'Islam popolare.

8 La cultura islamica e le loro usanze

Per aver una buona relazione con il mondo musulmano bisogna conoscere qualcosa della cultura e delle usanze islamiche. Ovviamente è impossibile riassumere in questa sede gli elementi culturali e le usanze di tutti i musulmani. Esistono molte differenze fra le varie nazioni e i vari gruppi etnici ed è per questo che è molto importante frequentarli di persona e parlare con loro per poterli conoscere. Ci limitiamo quindi ad elencare solo alcuni punti principali che valgono per la maggior parte dei musulmani.

A Il Calendario islamico

Il calendario islamico inizia nel 622 dopo Cristo. L'anno islamico consiste di 12 mesi lunari e quindi è di 11 giorni più corto rispetto all'anno del calendario gregoriano. La data di inizio del mese di Ramadan (digiuno) si decide spesso all'ultimo momento perché è relazionata con la posizione della luna e bisogna che sia visibile affinché si possa dire che è iniziato il Ramadan Per esempio l'anno 2014 d.C. corrisponde al 1435-1436 AH (Anno Hijrah, l'anno in cui Maometto scappò dalla Mecca e si rifugiò a Medina).

B   Feste islamiche

I Musulmani affermano che osservano le feste non per il loro piacere, ma per compiacere ad Allah. Sono tuttavia occasioni per celebrare e far festa. L'Islam conosce due feste importanti, cioè: la Festa dello Zucchero (Idul Fitr) e la Festa del Sacrificio (Idul Adha).

La Festa dello Zucchero ha luogo il primo giorno dopo il mese del Ramadan. In questo giorno, dopo un mese di digiuno, i Musulmani offrono una preghiera comunitaria, preferibilmente all'aperto. Esprimono la loro gratitudine ad Allah per averli aiutati ad osservare il digiuno.

La Festa del Sacrificio (ovvero Festa del macello) ha luogo dal 10° al 13° giorno del dodicesimo mese del calendario islamico. Durante questa festa ricordano la prontezza di Abramo ad offrire a Dio suo figlio (secondo i musulmani fu Ismaele ad essere risparmiato). Dio provvide un montone che Abramo uccise al posto di suo figlio Ismaele. Durante la festa del sacrificio i musulmani sgozzano pecore, capre, mucche o cammelli. La carne viene mangiata e distribuita tra amici, vicini e parenti e i poveri.

Altre feste sono la Hijrah (migrazione del Profeta), la Lailatul Miraj (Notte dell'Ascensione) e le date delle battaglie islamiche. C'è anche una notte speciale chiamata Lailatul Qadr (la Notte del Potere), una notte dispari fra gli ultimi dieci giorni del Ramadan. I Musulmani trascorrono la notte offrendo preghiere e recitando il Corano.

3° LEZIONE CONDIVIDERE LE NOSTRE VITE

C Dieta

I Musulmani sono incoraggiati, nel Corano a mangiare alimenti sani e completi. Ai musulmani è proibito mangiare carne di maiale, sangue di animali, e animali che non siano stati uccisi nel nome di Allah e animali carnivori. È concesso loro di mangiare le verdure e il pesce. Secondo la legge islamica, gli animali devono essere uccisi in un modo umano sgozzandoli con un coltello molto ben affilato in modo che ci sia una fuoriuscita notevole di sangue dall'interno del corpo dell'animale ucciso. Durante questa procedura di macellazione è obbligatorio invocare il nome di Allah. Infine, ai musulmani è proibito bere le bevande alcoliche.

D Abbigliamento

I musulmani vengono spronati a vestirsi con decoro. Con questo s'intende dire gli uomini devono coprirsi dall'ombelico fino alle ginocchia; le donne devono coprirsi tutto il corpo, ad eccezione del viso e le mani. Secondo alcuni studiosi, le donne islamiche superata l'età della pubertà, devono coprire anche il loro viso quando son fuori casa. Uomini e donne non devono vestirsi in modo da suscitare desiderio sessuale, p. es vestendosi con abiti trasparenti, succinti o troppo scoperti; Agli uomini non è permesso di portare vestiti da donna, né oro puro né seta pura. Non è permesso indossare simboli di altre religioni. Sono sempre incoraggiate la modestia e la semplicità. L'abbigliamento che esprime arroganza è condannato. Lo stile dell'abbigliamento dipende anche dagli usi locali e dal clima.

> **Domande di gruppo:**
> 1. Ci sono cose che i cristiani potrebbero imparare dai musulmani? Se sì, quali?
> 2. Elenca alcune cose in comune e differenze tra i musulmani e i cristiani.

CONDIVIDERE LE NOSTRE VITE   3° LEZIONE

9 I problemi principali che i musulmani hanno con i cristiani e con la fede cristiana

Quando i cristiani cominciano a frequentare i musulmani, loro ci fanno capire che ci sono delle cose che non capiscono e che non accettano dei cristiani e dei loro modi di fare che possono essere riassunte nei seguenti tre punti:

a) la nostra fede
b) la nostra storia
c) la nostra morale

a   <u>La nostra fede</u>

I musulmani non capiscono il nostro concetto della trinità e hanno la convinzione che noi crediamo in tre dèi. Come abbiamo visto in precedenza, i musulmani pongono un forte accento sull'unità di Dio e quindi qualsiasi credenza che infranga questo concetto viene considerato come un grave peccato.

Anche se la maggior parte dei musulmani ha rispetto per Gesù e Lo riconosce come un profeta importante, non condividono il fatto che noi cristiani chiamiamo "Gesù Figlio di Dio". Secondo loro, noi crediamo che Dio Padre abbia avuto un rapporto sessuale con Maria e che il frutto del loro amore sia Gesù. Quest'idea è abominevole per i musulmani.

Dato che (per i musulmani) Dio è onnipotente e Gesù è il Suo profeta, i musulmani non riescono a capire come i cristiani possano credere che Dio abbia permesso che Gesù fosse stato crocifisso in un modo disumano. Nel Corano c'è scritto che appena prima che Gesù venisse crocifisso, Gli venne aperto il cielo per rapirLo e qualcun altro prese le sue sembianze e il suo posto sulla croce.

Infine i musulmani non capiscono come fanno i cristiani a credere nell'infallibilità della Bibbia dato che usano tante traduzioni della Bibbia e secondo loro hanno difficoltà a trovare delle spiegazioni per le contraddizioni apparenti ivi contenute.

3° LEZIONE — CONDIVIDERE LE NOSTRE VITE

b La nostra storia

Nel Medio Evo degli eserciti "cristiani" partirono dall'Europa per recarsi in Israele per purificare la terra promessa dalle influenze non cristiane. Migliaia di persone (anche musulmane) sono state uccise. I musulmani considerano queste crociate una forma di "jihad" cristiana (guerra santa). Dal 17° fino al 20° secolo diversi paesi "cristiani" (come ad esempio la Spagna, il Portogallo, l'Inghilterra, la Francia, l'Olanda) furono potenze coloniali in paesi dove vivevano anche molti musulmani), imponendo la loro volontà a diversi paesi del mondo e lo facevano usando violenza, sfruttamento, bugie ed inganno.

I Musulmani spesso non comprendono perché così tanti cristiani offrono un supporto incondizionato ad Israele, uno stato che a volte usa la violenza per raggiungere i suoi scopi.

Molti Musulmani credono che le persone nell'Occidente (spesso usato come sinonimo per i Cristiani), si comportano come se fossero culturalmente, politicamente ed economicamente superiori al resto del mondo, e oltretutto, l'occidente spesso manca della disponibilità ad imparare dalle ricchezze di altre culture e popoli.

c La nostra morale

Mentre agli occhi dei musulmani il mondo Occidentale si comporta come una specie di poliziotto che comanda il resto del mondo, sembra però che gli Occidentali non vogliano vedere la decadenza morale occidentale che si manifesta attraverso l'accettazione dell'omosessualità, la legalizzazione dell'uso della droga e della prostituzione, le pratiche dell'aborto e eutanasia, la violenza domestica, la grande percentuale delle separazioni e la moltiplicazione dell'immoralità per mezzo dei film e del turismo sessuale.

CONDIVIDERE LE NOSTRE VITE 3° LEZIONE

Domande di gruppo:
1. Qual è la tua prima reazione quando senti il loro punto di vista riguardante gli aspetti della fede cristiana ?
2. Come possiamo rispondere al modo in cui veniamo visti dai Musulmani?

Compiti per casa

Scrivi almeno due domande che vorresti fare ai Musulmani che incontrerai durante la visita alla Moschea nella prossima lezione.

4° LEZIONE   CONDIVIDERE LE NOSTRE VITE

4° LEZIONE:
INCONTRO CON I MUSULMANI

Obiettivo: incontrarsi con i Musulmani per fare domande sulla loro fede e come la vivono.

Ora che abbiamo riflettuto sul nostro atteggiamento verso l'Islam e che abbiamo potuto conoscere meglio alcuni concetti e pratiche delle fede musulmana, è arrivato il momento di dialogare con loro. Abbiamo imparato che un atteggiamento di grazia si evidenzia attraverso una disponibilità a vedere l'Islam attraverso gli occhi di un musulmano e di rinunciare alla nostra tendenza di fare una caricatura dell'islam. Il modo migliore di conoscere quello che credono pensano e fanno è di dialogare direttamente con loro. L'esperienza insegna che i musulmani sono ben disposti a parlare con i cristiani della loro fede ed anche ad ascoltare quello che i cristiani credono. Ecco perché desideriamo, all'interno di questo corso, fare una visita a una moschea per avere un colloquio con i musulmani.

Quando visitate una moschea tenete presente le seguenti cose:

1. Bisogna indossare vestiti adatti (cioè non pantaloncini o minigonne, non vestiti con spalle scoperte). Può darsi che alle donne che visitano venga richiesto di coprire il capo. In quel caso molto probabilmente ci saranno in moschea, a loro disposizione, dei veli da indossare. Potrete anche portare dei veli da casa. È bene che le maniche siano lunghe almeno fino al gomito. Gli uomini devono indossare pantaloni lunghi e una camicia con le maniche.

2. Bisogna togliere le scarpe quando entrate nella sala di preghiera (vi sarà chiesto di farlo).

3. Preparate in anticipo le domande che volete porre.

4. Rimanete sempre gentili e rispettosi anche quando non sarete d'accordo con le cose che vedete o sentite o quando faranno

CONDIVIDERE LE NOSTRE VITE 4° LEZIONE

di tutto per convertirvi all'Islam. E' molto probabile che coloro che vi ricevono in moschea presenteranno la realtà in modo idealistico, d'altronde non lo faremmo anche noi se dovessero venire da noi in una riunione di chiesa?

5. Se vi faranno domande sulla fede cristiana cercate di rispondere in modo personale. Invece di dire che anche il cristianesimo pone l'enfasi sull'importanza della preghiera, potreste raccontare com'è bello poter portare a Dio in preghiera ogni giorno i vostri pesi e i vostri motivi di ringraziamento.

6. Lo scopo della visita non è di convertire i musulmani ma di imparare da loro. Se, però, si presenta un'occasione in cui si possa dire in modo rispettoso qualcosa sulla vostra fede nel Signore Gesù, allora bisogna coglierla al volo.

Compito da fare dopo la visita alla moschea

1. Che cosa hai imparato dalla visita alla moschea?
2. Leggi Atti 10 e rifletti sulla relazione tra Cornelio e Pietro. Paragona per un attimo Cornelio ai musulmani che hai incontrato.
   a. Tu pensi che Dio ascolti le preghiere di questi musulmani? Cosa succede quando loro pregano?
   b. Pietro imparò una lezione importante da Cornelio. Che cosa hai imparato dai musulmani che hai incontrato?
   c. Che cosa apprezzi di più nella fede dei musulmani?
   d. A Cornelio bastò una sola visione per passare all'azione, a Pietro ce ne vollero tre. Sei a conoscenza di altri esempi nei quali i cristiani sono meno ricettivi riguardo a ciò che ha da dire Dio rispetto a quanto lo sono i pagani?

5° LEZIONE: COSTRUIRE DELLE RELAZIONI DURATURE CON I MUSULMANI

Obiettivo: imparare ad essere un testimone relazionale e a condividere la tua vita con i Musulmani

> **Compito:**
> Riflettete assieme sulla vostra visita alla moschea e discutete delle vostre risposte alle domande di cui sopra.

A   L'incarnazione di Gesù: un modello per noi

In Giovanni 1:14 leggiamo: *"La Parola si è fatta carne e ha abitato per un tempo fra di noi."* L'atto di diventare carne (in latino "incarnazione") di Gesù costituisce il nostro esempio per eccellenza di come i cristiani possano dare forma alla predicazione del Vangelo nella loro vita quotidiana. Gesù prese forma di servo (Filippesi 2:5-8) e faceva parte integrante di una comunità. Lui partecipò alla vita degli esseri umani che lo circondavano, era coinvolto praticamente nel mondo circostante. Non solo condivideva il Vangelo, ma tutta la Sua vita. L'Apostolo Paolo in 1 Cor. 9: 19-23 scrive che era disposto a diventare servo di tutti per poter guadagnare il maggior numero di persone. L'apostolo Paolo seguì l'esempio di Gesù quando in 1 Tessalonicesi 2:8 scrisse:

"Così, nel nostro grande affetto per voi, eravamo disposti a darvi non soltanto il vangelo di Dio, ma anche le nostre proprie vite, tanto ci eravate diventati cari."

Questo versetto descrive il lavoro che Paolo e la sua squadra svolgevano a Tessalonica. Provarono un profondo amore per le persone che evangelizzavano. Non condividevano soltanto il Vangelo ma la loro stessa vita.

"Il vero missionario non è qualcuno specializzato nella comunicazione di un messaggio, ma qualcuno la cui vita intera è dedicata al messaggio, per poter essere trasmesso integralmente ai suoi uditori."[17]

In questa epistola Paolo scrive per ben nove volte *"voi sapete"* il che voleva dire che i Tessalonicesi avevano vissuto da vicino la vita di Paolo.

Dobbiamo integrare la proclamazione con l'incarnazione. Un concetto importante ripetuto nella Bibbia è quello del Regno di Dio. Il Piano di redenzione di Dio è quello di glorificare Sé stesso unendo tutte le cose sotto Cristo. Questo comprende non solo la riconciliazione delle persone a Dio, ma anche la riconciliazione di "tutte le cose in cielo e sulla terra" (Ef. 1:10). Questa riconciliazione trova il suo adempimento finale nel futuro Regno di Dio, ma anticipazioni di questo Regno futuro si possono intravvedere già nel presente. La chiesa non deve solo proclamare il Vangelo del Regno (Matt. 24:14) ma deve anche mostrare la vita del Regno (Matteo 5-7) e compiere le opere del Regno.

Quando mettiamo in pratica ciò che è scritto in questo versetto e lo applichiamo ai nostri rapporti con i musulmani possiamo imparare cinque cose:

    a   L'evangelizzazione non è primariamente un'attività ma uno stile di vita. Non conta ciò che diciamo ma conta ciò che siamo.

    b   La condivisione verbale del Vangelo deve essere integrata con la vita e con i bisogni sociali delle persone che spesso sono il risultato di una relazione interrotta con il Signore.

    c   La vita del credente deve essere coerente con il contenuto del Vangelo.

---

[17] Ernest Best, Black's New Testament Commentaries, ed., A commentary of the First and Second Epistles to the Thessalonians (Peabody, Massachusetts: Hendrickson Publishers, 1993), 102, 103.

5° LEZIONE — CONDIVIDERE LE NOSTRE VITE

    d   Se vogliamo che i musulmani ricevano un'immagine fedele di Gesù Cristo e delle verità bibliche, lo dovranno vedere rispecchiato nella vita dei cristiani che conoscono e di cui si fidano.

    e   Se i cristiani vogliono dare concretezza alla verità del Vangelo (quindi incarnarlo) è indispensabile che imparino a conoscere e capire i musulmani nel contesto di una relazione di amore e di fiducia.

Tutto questo implica che i cristiani sono chiamati a condividere le loro vite con i musulmani.

> **Domande di gruppo:**
> a   **Come sarebbe se ogni cristiano vero in Italia avesse almeno un amico musulmano?**
> b   **Che cosa significa essere un testimone relazionale ?**

"Quello che ci distingue non è solo ciò che crediamo ma come la nostra fede influenza il nostro agire, portandoci a comportarci in un certo modo. Discutere solamente sulla fede raramente convince le persone del valore di essa. E' il vederla messa in pratica che fa la differenza."[18]

Anche se la teologia del Cristianesimo è diversa da quella dell'Islam, la vasta maggioranza dei musulmani si renderà conto delle differenze solo nel momento in cui queste modificheranno il nostro comportamento. Abbiamo visto in precedenza che la teologia di Giona non ha modificato il suo comportamento. Sicuramente sarebbe stato in grado di spiegare ai niniviti il concetto della grazia e del perdono, ma non era disposto a mostrare loro questa grazia attraverso la sua vita. Discutere solo delle nostre convinzioni non convince le persone della loro veridicità. Ciò che fa la differenza è quando i musulmani vedono le nostre convinzioni messe in pratica.

---

[18] Richard Sudworth, *Distinctly Welcoming*, (NSW Australia: Scripture Union Australia, 2007), 48.

CONDIVIDERE LE NOSTRE VITE — 5° LEZIONE

Il più delle volte Gesù non discuteva con i capi religiosi del suo tempo circa la validità del Regno di Dio; piuttosto dimostrava il Regno di Dio e spiegava come comprenderlo e viverlo. Dobbiamo fare la stessa cosa.

La testimonianza relazionale o di incarnazione viene talvolta definita anche evangelismo attraverso l'amicizia. È un approccio personale e relazionale fatto di rapporto uno a uno (o con una famiglia), piuttosto che in un contesto di gruppo. La nostra testimonianza verbale presso i musulmani va data in un contesto relazionale di amore, fiducia e rispetto. Lo sviluppo di una tale relazione richiede tempo e sforzi e va ben oltre un'unica discussione sulla fede cristiana e sull'Islam. Significa ad esempio intraprendere insieme delle attività, trascorrere assieme del tempo, sviluppare interessi comuni e condividere gioie e dolori. Da una cura e attenzione sincera nasceranno occasioni per parlare delle verità bibliche. Non in modo astratto, distante, ma nella vita quotidiana. Questo vuol dire condividere la tua vita intera e non solo condividere il Vangelo.

L'interesse sincero fornisce numerose opportunità per condividere le verità bibliche. Non in un modo astratto, senza relazioni, ma come parte della vita quotidiana. Nel contesto della tua relazione con il musulmano tu esemplifichi che cosa sia la vita cristiana. A volte ciò si tradurrà in parole, in altre occasioni in fatti pratici.

Il tuo amico musulmano potrà toccare con mano come tu essendo cristiano ti relazioni con il tuo prossimo, come gestisci i soldi, come affronti le avversità ecc. e quale ruolo Gesù Cristo abbia nella tua vita quotidiana. E' fondamentale che tu impari a fare con coerenza le tue scelte ricordandoti che sei un seguace di Cristo. I nostri amici musulmani vedranno quotidianamente nelle nostre vite, la potenza e l'opera salvifica di Gesù. La maggior parte dei musulmani arrivano ad apprezzare il Vangelo e il nostro Signore, quando vedono i cristiani che vivono quotidianamente la propria fede in mezzo alle difficoltà della vita, e li osservano mentre servono apertamente, umilmente e fedelmente al loro fianco nelle loro comunità.

5° LEZIONE — CONDIVIDERE LE NOSTRE VITE

Evidentemente si possono presentare dei momenti in cui avrete pareri diversi e discuterete animatamente ma gli amici veri sapranno come affrontare in maniera amorevole queste realtà. Sappiamo che ci sono molti concetti biblici che contrastano con i concetti musulmani, ma le argomentazioni fine a se stesse non portano a risultati positivi. Con una testa calda ed un cuore freddo può darsi che tu vinca una discussione, ma nel frattempo si romperà una relazione. Il modo di parlare di Gesù riguardo al Vangelo del Regno di Dio era sempre accompagnato da una esemplificazione pratica di ciò che affermava.

È difficile programmare quante volte ti sarà possibile parlare del nocciolo del Vangelo, anche se è chiaro che questo sarà per te importante visto che desideri che il tuo amico conosca il tuo miglior Amico Gesù Cristo. Nella Bibbia vediamo che Andrea portò suo fratello Simone (Pietro) a Gesù e Filippo portò il suo amico Natanaele. Questo processo inizia col presentare il nostro amico in preghiera davanti a Dio ed è possibile che termini col portarlo a Gesù in modo che diventi anche lui suo Amico.

> **Domande di gruppo:**
> 1. L'uso di argomentazioni per convincere qualcuno del messaggio biblico è meno efficace che l'incarnazione pratica del Vangelo. Sei d'accordo?
> 2. In 1 Cor. 9:19-23 Paolo scrive che si è fatto servo di tutti, per guadagnarne il maggior numero. Come potremmo applicare questo nelle nostre relazioni con i musulmani.

B   Modi pratici per entrare in contatto con i musulmani

Ai tempi di Gesù gli Ebrei e i Samaritani vivevano nello stesso paese ma leggiamo nella Bibbia che *"I Giudei non hanno relazioni con i Samaritani"* (Giov. 4:9). La stessa cosa si potrebbe dire della convivenza tra musulmani e cristiani che vivono nello stesso paese, nella stessa città, o addirittura nella stessa via.

CONDIVIDERE LE NOSTRE VITE   5° LEZIONE

Speriamo che attraverso questo corso sia nato nel tuo cuore il desiderio di condividere la tua vita con i musulmani. Logicamente ti chiedi: Come inizio? Per questo vorremmo darti alcuni consigli pratici su come entrare in contatto con i musulmani:

1. Presentati come volontario presso un centro sociale che organizza attività per immigranti.
2. Prendi contatto con una moschea locale per fissare un appuntamento per un colloquio e chiediti se ci sono delle cose in cui tu ti puoi rendere utile a loro. Puoi anche invitarli a visitare la tua chiesa.
3. Organizza insieme ai musulmani del tuo quartiere una serata per conoscersi meglio.
4. Chiedi ai musulmani che vivono nel tuo quartiere quali siano i loro soggetti di preghiera e comincia a pregare in modo specifico per loro.
5. Impara a salutare in arabo, turco, farsi o nella lingua del tuo amico musulmano e comincia a salutarli quando li incontri per strada.
6. Offri piccoli pensieri ai musulmani quando ci sono le feste cristiane (p.es. Pasqua, Natale).
7. Fai spesso spesa in un supermercato turco o in una macelleria marocchina e parla con la gente presente in essa.
8. Organizza in chiesa programmi per bambini, corsi di italiano, avvenimenti sportivi, classi di sostegno per fare i compiti, corsi di cucito ecc. per bambini, giovani, donne e uomini islamici.
9. Partecipa ad attività che sono organizzate a favore dei musulmani immigrati.
10. Prendi il bus, la metro o il treno e siediti con loro al fine di iniziare dei discorsi.
11. Cerca dei modi per collaborare con loro per risolvere i loro problemi sociali.
12. Cerca dei modi per aiutarli in modo pratico.

13 Visita dei siti web islamici e comincia a chattare con loro.
14 Unisciti a loro quando li vedi seduti insieme in un parco.

Questa non è certamente una lista esaustiva, ma sono solo alcuni esempi pratici che possono essere integrati da molti altri, che mostrano le enormi opportunità che esistono per costruire delle relazioni con i musulmani nel tuo quartiere o nella tua città.

C A quali cose dovresti stare attento nelle tue relazioni con i musulmani ?

Come già detto qui sopra, un colloquio con un musulmano si svolge al meglio nel contesto di una relazione basata sull'amore e sul rispetto. E' impossibile sapere in anticipo che cosa bisogna dire o fare in tutte le situazioni. Di seguito possiamo dare alcune linee guida generali:

i Tieni conto della relazione uomo/donna. Contatta soltanto persone dello stesso sesso.

ii Tratta con rispetto la tua Bibbia (non attaccarci sticker, non sottolinearla, non metterci dentro tanti foglietti, e non mettere la tua Bibbia per terra).

iii Non offrire all'amico bevande alcoliche o carne di maiale. Molti musulmani mangiano solo carne "halal", cioè uccisa secondo le tradizioni islamiche.

iv Prega regolarmente per il tuo amico musulmano. Di al tuo amico che preghi per lui e chiedigli i suoi soggetti di preghiera.

v Sii disposto a parlare di qualsiasi cosa. Non limitare i tuoi discorsi solo a temi religiosi. Sii franco con la tua fede e collega le tue convinzioni cristiane con la tua vita quotidiana.

vi Non disprezzare l'Islam, le pratiche islamiche, Maometto. Gesù ci insegna a non guardare la pagliuzza nell'occhio altrui ignorando la trave nel nostro occhio. Si veda Mt 7:1-5). Tu non diventi perfetto attraverso il discredito della religione dell'altro.

vii Non iniziare discussioni inutili (vedi a tal proposito l'avvertimento di Paolo in 2 Ti 2:23, 24).

CONDIVIDERE LE NOSTRE VITE   5° LEZIONE

viii Non forzare, ma lascia la porta aperta per una prossima occasione.
ix   Fai tutto il possibile per eliminare i malintesi, i pregiudizi, del tuo amico musulmano nei confronti della fede cristiana.
x   Sii pronto ad ammettere errori commessi nel passato (o nel presente) da parte di cristiani.
xi   Usa storielle, esempi, per spiegare delle verità bibliche e personalizza al massimo tali esempi. E' meglio dire: "Io credo che la mia convinzione è che…" piuttosto che "Il Cristianesimo o la Chiesa Protestante insegna che…" Usa il più possibile la tua testimonianza personale, non solo come sei venuto alla fede in Gesù ma anche come Dio abbia risposto alle tue preghiere e come ha guidato la tua vita ecc.
xii Cammina in maniera conforme alla verità del Vangelo. La parte più difficile e nello stesso tempo più importante dei discorsi sulla fede è che noi stessi siamo degli esempi viventi del messaggio che annunciamo.

D   Un modello per un incontro con musulmani

"Tre giorni dopo Lo trovarono nel tempio, <u>seduto in mezzo</u> ai maestri: <u>li ascoltava</u> e <u>faceva loro delle domande</u>; e tutti quelli che l'udivano, si stupivano del suo <u>senno</u> e delle sue <u>risposte</u>." (Luca 2:46, 47).

La storia qui sopra citata di Gesù all'età di 12 anni nel tempio, è secondo Colin Chapman (vedi il suo libro "The Cross and the Crescent") un ottimo modello di un incontro tra un cristiano e un musulmano:[19]

Lui era seduto in mezzo a loro.

Come fanno i cristiani a sedersi in mezzo ai musulmani ? P.es. Visitandoli a casa, visitando una moschea, visitando un centro islamico; cercando dei luoghi naturali di incontro. Quanto conosciamo della comunità nella quale vivono, della loro storia e cultura? Sappiamo come ci

---

[19] Colin Chapman, *Cross and Crescent: responding to the Challenge of Islam* (Downers Grove, Il., USA: IVP Books, 2007), 24, 25.

5° LEZIONE — CONDIVIDERE LE NOSTRE VITE

si sente ad essere nei loro panni? Sono consapevole della loro reazione nei miei confronti?

Lui li ascoltava.
Come possiamo noi cristiani ascoltare i musulmani ? Ad esempio dimostrando un sincero interesse in quello che loro pensano. Mostrando interesse quando parlano della loro fede. Significa anche che dobbiamo approfondire il loro stile di vita, le loro origini e metterci nei loro panni per capire come loro ci vedono. Imparare ad ascoltare non solo con le nostre orecchie ma anche con il nostro cuore. Imparare a vedere il mondo attraverso i loro occhi. La Bibbia dichiara che *"l'uomo che ascolta potrà sempre parlare"* (Proverbi 21:28).

Faceva loro delle domande.
Quando avremo intrapreso i primi due passi allora siamo più capaci di porre delle domande efficaci e inoltre aumenterà la possibilità che non vedano queste domande come una minaccia. Potremmo cominciare con delle domande semplici, e poi piano piano e con gentilezza, domande che mettono in discussione alcune delle loro credenze e affermazioni. Non poniamo le domande per imbarazzare l'altro ma per entrare in dialogo.

Lui comprendeva.
I maestri sapevano che Gesù li comprendeva. Le risposte alle nostre domande ci aiuteranno ad avere una migliore comprensione dell'Islam, e non sarà come leggerlo in un libro. Comprendere ci aiuterà anche a discernere gli argomenti più importanti e a non venir distratti in discussioni futili.

Lui dava delle risposte.
Gesù rispondeva alle domande poste dai maestri. Quando diamo delle risposte lo facciamo in funzione alle domande che ci sono state poste e non delle domande che supponiamo che loro abbiano. Non dimentichiamo che arrivati a questo punto avremo anche acquisito il diritto di parlare.

| CONDIVIDERE LE NOSTRE VITE 5° LEZIONE

> **Preghiera**
> **Chiedi a Dio di condurti verso un musulmano con cui potrai avere un contatto regolare e al quale poter essere una buona testimonianza.**

Infine

Il corso "Condividere la nostra vita con i musulmani" è terminato. Per ulteriori domande, informazioni e seguenti passi da seguire, prendi contatto con OM:
info@sharinglives.eu.

Per avere libri, DVD e indirizzi per reperire maggiori informazioni, fai riferimento all'appendice qui sotto o visita il sito:
www.sharinglives.eu.

APPENDICE

Risorse per coloro che vogliono approfondire l'argomento[20]

Ci sono sempre più buoni libri e DVD che aiutano a capire meglio i tuoi amici musulmani e a condividere la tua vita con loro, e in questo contesto, anche la tua fede con loro. Alcuni esempi sono illustrati più avanti.

Inside Islam (Dentro l'Islam) – DVD

"Inside Islam" è un documentario del 2002 che offre una buona introduzione all'Islam. Alcuni argomenti trattati sono i collegamenti fra l'Islam e l'Ebraismo e il Cristianesimo, la vita di Maometto, i cinque Pilastri dell'Islam (la confessione di fede, la preghiera, l'elemosina, il digiuno durante il Ramadan, e il pellegrinaggio alla Mecca), la storia dell'Islam, le donne nell'Islam, il colonialismo Europeo, l'Islamismo, la nazione dell'Islam e la jihad.

Cross and Crescent: responding to the challenge of Islam
(La Croce e la Mezzaluna: rispondere alla sfida dell'Islam)
Colin Chapman

Incoraggiandoci ad esaminare i nostri propri atteggiamenti, Colin Chapman analizza le problematiche coinvolte quando i cristiani si confrontano con i musulmani e con l'Islam. Chapman analizza in ultima analisi come i cristiani possono essere efficaci nel testimoniare Gesù. Il libro include del materiale sul 'Terrorismo Islamico', 'Cos'è l'Islam?', 'La Visione Coranica dei Cristiani' e 'Comprendere le verità su Gesù'. Questo libro aiuterà i cristiani a meglio comprendere i musulmani e l'Islam in un mondo in continuo mutamento.

---

[20] Suggeriamo questi libri, anche se non necessariamente condividiamo tutto quanto è contenuto in essi.

Grace for Muslims? The journey from fear to faith
(Grazia per i Musulmani? Viaggio dalla paura alla fede)
Steve Bell

"Perché una religione essenzialmente 'buona' dovrebbe trasformare alcuni suoi adepti in 'demoni'?" Ha chiesto un giornalista musulmano. È una domanda che è alla base del dibattito islamico. Gli allarmismi si basano su questi 'demoni', e viene scartata completamente l'ipotesi di un Islam pacifico. Molti sono confusi a causa di questi aspetti contraddittori della religione. È possibile per i Cristiani di relazionarsi con i musulmani senza essere politicamente ingenui o teologicamente liberali? Steve crede che sia possibile. Condivide il suo viaggio personale e riflette su come è arrivato all'ingrediente cruciale: la grazia.

Encountering the world of Islam
(Incontro con il mondo dell'Islam)
Keith Swartley (editore)

"Incontro con il mondo dell'Islam" è un manuale che raccoglie articoli da oltre 80 autori che hanno vissuto nel mondo islamico. Questo libro ti guida in un viaggio nelle vite dei musulmani che vivono in giro per il mondo e vicino a te. Attraverso questa raccolta esaustiva, imparerai sulla vita di Maometto e la storia dell'Islam, avrai maggiore comprensione dei conflitti odierni, e ti aiuterà a saper discernere i miti e i timori degli occidentali. Imparerai a conoscere anche le frustrazioni e i desideri dei Musulmani e imparerai a pregare per loro e a farteli amici. "Encountering the World of Islam" è un testo che fornisce una prospettiva positiva, equilibrata e biblica sulla passione di Dio per i Musulmani e ti prepara adeguatamente a raggiungerli con l'amore di Cristo.

APPENDICE   CONDIVIDERE LE NOSTRE VITE

The Crescent through the Eyes of the Cross
(La mezzaluna attraverso gli Occhi della Croce)
Nabeel T. Jabbour

In questo libro, l'autore (un Arabo Cristiano) cerca di aiutare i lettori ad acquisire un atteggiamento di misericordia attraverso i racconti verosimili di Ahmad, uno dei suoi amici musulmani. 'Leggiamo' anche dei resoconti del padre e della sorella di Ahmad in Egitto. Attraverso 'la bocca' di Ahmad e dei suoi familiari, l'autore analizza diversi aspetti del mondo islamico che i Cristiani che desiderano condividere il Vangelo, devono conoscere, come p.es. la relazione fra Gesù Cristo, Maometto, il Corano e la Bibbia; il ruolo di Israele, le differenze culturali; il ruolo delle donne, la storia 'Cristiana' occidentale delle Crociate e del Colonialismo; contestualizzare il messaggio; l'integrazione nella chiesa delle persone che si convertono dall'Islam.

Waging Peace on Islam
(Fare la pace con l'Islam)
Christine A. Mallouhi

Come possono i cristiani che lo desiderano, avvicinarsi ai musulmani? Mentre i rapporti fra l'Islam e l'Occidente si fanno sempre più tesi, molti cristiani sono nervosi quando incontrano dei musulmani. Come possiamo superare anni, se non addirittura secoli di sfiducia? Christine Mallouhi, che si è sposata in una famiglia musulmana e ha vissuto gran parte della sua vita nel Medio Oriente, suggerisce che dovremmo imitare San Francesco d'Assisi, che durante le Crociate andò a vivere con i musulmani e condivise il Vangelo persino con il Sultano.

The Costly Call
(La chiamata costosa)
Emir Fethi Caner and H. Edward Pruitt

Venti racconti di musulmani contemporanei da varie parti del mondo che hanno incontrato Gesù.

Daughters of Islam – Building Bridges with Muslim Women
(Le figlie dell'Islam – Costruire ponti con le donne musulmane)
M. Adeney

In questo libro, Miriam Adeney introduce donne come Ladan, Khadija e Fatma. Conoscerai le loro storie, le loro domande e speranze. Scoprirai che sono sia rappresentative ma anche uniche fra le loro sorelle Arabe, Iraniane, Africane e del Sud-Est asiatico, e scoprirai cosa le ha attratte a Cristo. Conoscendo la vita di Ladan, Khadija e Fatma, scoprirai come meglio relazionarti con le altre donne musulmane e come introdurle a Cristo.

The World of Islam – CD
(Il mondo dell'Islam)

The World of Islam CD-ROM contiene 39 libri completi e numerosi articoli sull'Islam e sulla testimonianza Cristiana, incluso un Dizionario sull'Islam di 750 pagine, articoli sulla contestualizzazione e sulle radici del fondamentalismo e della militanza nell'Islam. Dieci mappe aggiornate illustrano la situazione attuale del mondo Islamico. In aggiunta, più di 100 immagini del mondo islamico ad alta risoluzione, otto corsi di studio sull'Islam di importanti autori, un testo completo del Corano, una nutrita bibliografia, collegamenti a siti web legati all'Islam e molto altro ancora ... più di 12,000 pagine di risorse!

More than dreams – DVD
(Piú dei sogni)

Questo DVD realizzato in un format di fiction, contiene cinque storie vere di ex-musulmani che adesso conoscono Gesù come il loro Salvatore. Le storie provengono dall'Egitto, Iran, Turchia, Nigeria, e Indonesia. More Than Dreams ha ricreato ognuna di queste storie, riproducendole nella loro lingua originale. Il DVD include una sezione di insegnamento che spiega cosa significa seguire Cristo e accompagna chi lo desidera, in una preghiera per la salvezza.

Bert de Ruiter (ed.)

Engaging with Muslims in Europe

In Europe one finds Christian communities and Muslim communities living in close proximity to each other. Muslims and Christians pass each other in the streets, stand next to each other waiting for the bus or metro, live next to one another in streets, share apartment buildings with each other, study in the same universities, have their lunches in the same business canteens, shop in the same shopping centres. Nevertheless, they are essentially strangers to each other. Only a small minority of Churches and Christians in Europe are engaged with Muslims through meaningful and loving relationships which provide opportunities to witness to them about the truth of God.

The European Ministry to Muslims Network of the European Leadership Forum seeks to equip the Church in Europe to relate to Muslims with a compassionate heart, an informed mind, an involved hand and a witnessing tongue. In this book members of the network and others write about their engagement with Muslims in Europe.

Pb. • pp. 112 • £ 7.00 • € 8.00
ISBN 978-3-95776-025-8

VTR Publications • Gogolstr. 33 • 90475 Nürnberg • Germany
info@vtr-online.com • http://www.vtr-online.com

Bert de Ruiter

Sharing Lives
Overcoming Our Fear of Islam

This book argues that the single greatest hindrance to Christian witness amongst Muslims in Europe is fear.

Many European Christians fear that Europe will gradually turn into Eurabia, or Islamic domination of Europe, and they ignore the efforts of Muslims to adapt to the European context, a situation pointing to a future scenario of Euro-Islam, or Islam being Europeanized. The author argues that instead of an attitude of fear, which leads to exclusion, Christians should develop an attitude of grace, which leads to embrace.

After analyzing books and courses developed to help Christians relate to Muslims, he concludes that these mostly concentrate on providing information and skills, instead of dealing with one's attitude. Because of this the author developed a short course to help Christians overcome their fear of Islam and Muslims and to encourage Christians to share their lives with Muslims and to share the truth of the Gospel.

Pb. • pp. XIII + 209 • £ 13.95 • € 14.90
ISBN 978-3-941750-22-7

VTR Publications • Gogolstr. 33 • 90475 Nürnberg • Germany
info@vtr-online.com • http://www.vtr-online.com

L'esperimento di Marco

Come puoi conoscere meglio Gesù tramite il Vangelo di Marco

Andrew Page

Se sei alla ricerca di un modo nuovo per avvicinarti al Vangelo di Marco, e desideri che il Vangelo ti aiuti ad adorare e sperimentare Gesù, L'esperimento di Marco è il libro per te.

Ne L'esperimento di Marco Andrew Page ti mostra come memorizzare il Vangelo e ti spiega come l'abituarsi a meditare sugli eventi del Vangelo ha trasformato il suo rapporto con Gesù. Pensa all'impatto che questo può avere per la tua comprensione della vita e il ministero di Gesù.

Un risultato interessante di questo libro è lo sviluppo di un'innovativa produzione teatrale che racconta ogni avvenimento del Vangelo di Marco. Si realizza con un gruppo di 15 persone, membri di una chiesa o gruppo studentesco, e si svolge con il pubblico seduto in cerchio e con la scena al centro. Oggi The Mark Drama viene messo in scena in vari paesi europei.

www.themarkdrama.gbu.it
www.themarkdrama.com

ISBN 978-3-95776-039-5
108 pp. · Pb. · 9,50 €

VTR Publications • Gogolstr. 33 • 90475 Nürnberg • Germania
info@vtr-online.com • http://www.vtr-online.com

www.ingramcontent.com/pod-product-compliance
Lightning Source LLC
Chambersburg PA
CBHW071739040426
42446CB00012B/2403